新潮文庫

山歩きのオキテ

―山小屋の主人が教える11章―

工藤隆雄著

9237

目次

Ⅰ　山のことはその山小屋の主人に訊け

Ⅱ　山に入る前の心構え

Ⅲ　安全な山の歩き方

Ⅳ　山道具に関して

V　山小屋に泊まる

VI　山で起きている問題

Ⅶ　SOSからの脱出　そのⅠ

Ⅷ　SOSからの脱出　そのⅡ

Ⅸ　山小屋を使った1泊2日、おすすめコース

Ⅹ　山歩き10ヶ条

写真（クレジットのあるもの以外）　工藤隆雄
地図製作　インフォルム

山歩きのオキテ

——山小屋の主人が教える11章——

Ⅰ

山のことはその山小屋の主人に訊《き》け

中高年よ、山は体にいい、大いに歩け

山歩きは有酸素運動のため糖質や脂肪が燃え健康にもいい

ここ10年ほど山は中高年登山者で賑《にぎ》わっている。どこの山に行っても50代はもちろん、60代、70代、まれには80代の登山者も見かける。山小屋の関係者によれば、今や登山者の大半、おそらく90パーセント以上が中高年ではないかという。

東京で一番高い山である雲取山で雲取山荘を経営している新井信太郎はこういう。
「うちの山小屋に泊まって山歩きをする人のほとんども中高年。ひとりで来る人もいれば数人で来る人、大勢で来る人まで様々だが、みんな楽しそうだ。山の雰囲気がそうさせているのだろう。定年になったからといってどこにも行かず家に引きこもっている人がいるが、それではもったいない。外に出てどんどん体を動かすといい。定年は人生の終わりではなく、ひとつの出発点だ。それに一番いいのは山を歩くことだ。一日のんびり山を歩いて汗を流せば、気持ちがいいだけでなく、飯もビールもうまい。また人とも知り合え、サラリーマン時代よりどんどん付き合いが増え、人生がより楽

山を歩いている時は何故こんな苦しいことをしているのかと思うが、いざ、山頂に立って、目の前に富士山が見えるなど展望がよいと、それまでの苦労はすっかり忘れ、来てよかったと思う。山を歩けるのも健康であればこそである。山梨県富士吉田市の杓子山（しゃくしやま）で

しくなり、厚みが出る」

新井信太郎は少年の頃に登った雲取山に夢中になり、それから山歩きを始めた。1960年からは先代の富田治三郎の跡を継いで雲取山荘に入り、かれこれ50年近い小屋番人生を送っている。登山者には「信ちゃん」と呼ばれ親しまれている。99年には雲取山荘を新築し、登山者に便宜を図っている。

雲上の湿原として知られる苗場山。その山頂にある遊仙閣の高波菊男も「山は登っている時は辛《つら》いけれど、成し遂げた時の達成感は次の日の自信につながる。山頂に到着した人はみんないい顔をしている。山歩きは肉体だけでなく、精神的にもいい運動だ」と山歩きをすすめる。高波は大学を出た後、すぐに兄が経営していた土樽山《つちだるやま》の家、蓬《よもぎ》ヒュッテなどで小屋番修業した後、77年から遊仙閣の小屋番となった。小屋番生活35年のベテランである。

では医学的に山歩きはどうなのか。本当に体によい運動なのか。スポーツドクターで整形外科医の菅《かん》栄一はこう話す。

「中高年の人がこれから何か運動をしたいと思うなら山歩きがよいでしょう。山歩きは有酸素性運動といって酸素を使って糖質や脂肪を燃やしエネルギーにし、長時間続けられる運動のため健康にもよいからです」

本来、山歩きはピークを求める競争ではなく、自然に親しむことが目的である。ゆっくりと新鮮な空気を吸いながら山道を歩けば、血流がよくなるだけでなく、日頃のストレスも解消される。静岡県伊豆市の金冠山で

その菅医師によると、有酸素性運動にはほかにジョギング、水泳、サイクリングなどがあるが、山歩きにはそれらにはない新鮮な山の空気を味わえることやよい展望を得られるなど様々な付加価値があり、情緒的にもよく人間にとって理想的なスポーツだという。

山に中高年登山者が多いのは、心身共によいことを知らず知らずのうちにわかっているからなのだろう。まさに中高年よ、山は体にいい、大いに歩けである。

山のことはその山小屋の主人が一番よく知っている

山小屋の主人の注意は慎重に聞こう

もう何年も前のことだが、春、大菩薩峠《だいぼさつとうげ》にある介山荘に泊まり、小金沢連嶺《こがねさわれんれい》の牛奥《うしおく》ノ《の》雁ケ《がんが》腹摺山《はらすりやま》、黒岳を経由して湯ノ沢峠に行こうとしていると、主人の益田繁《ますだしげる》がアイゼンを持っているかと聞いた。私はもはや山の雪も消え、必要ないと思い、持って来ていなかった。正直に必要がないと思い持って来なかったというと、「山をなめてはいけないよ、これを持って行きなさい」といい、2本の縄をよこすのだった。「こんな物しかないけれど、稜線《りょうせん》の日陰のところはまだ凍っていると思うからこれを巻けばいい、少しは役に立つと思うよ」というのである。私は縄なんか要らない、歩けると思いながらもせっかくの好意なのでザックに入れて介山荘を後にした。

思った通り、石丸峠、狼平《おおかみだいら》は雪もなく快適な道だった。どこで縄を使うのか、と思い捨てようかと思ったほどだ。が、しかし、小金沢山の登りに差し掛かった時、日陰の道がツルツルに凍っていて、足を乗せると滑って一歩も進めなかったのだった。

どうしたらいいものか、アイゼンを持って来ればよかったと困っていると、益田がくれた縄を思い出した。半信半疑ながらもさっそく靴の上に巻いた。すると、たかが縄だが、巻くだけで滑らずにうまく歩けたのである。もし縄がなかったら戻るしかなかったのだからどれだけ助かったことか。行き先を聞いて現場の状況をいい当てるというのはさすが、山小屋のベテラン主人と思ったものである。

こういった話はいくつもある。例えば、北八ヶ岳のしらびそ小屋。下界は春だったが、山はまだ雪がたっぷりある頃だった。硫黄岳方面に出かけようとすると、主人の今井行雄が、「春の雪は真冬のサラサラ雪と違い、湿って重い。枝から落ちてまともに当たると、むち打ち症になるから気を付けて行きなさい」といったのである。まさか大袈裟《おおげさ》なことをいうと思いながら、歩いて行くと、突然、目の前に雪が落ちてくるのがわかった。今井の忠告を聞いていたので咄嗟《とっさ》に一歩下がった。すぐにおさまるだろうと思ったが、シラビソの枝という枝から雪がド、ド、ドと音を立ててこれでもかこれでもかというほど落ちてきた。ようやく終わった頃は足元に小さな雪の山が出来たほどだ。もし、これが頭にでも当たっていたら、むち打ち症どころか当たり所が悪いと気絶してそのまま凍死するのではないかと思ったほどである。縄をくれた益田といい、春の雪は重いと忠告してくれた今井といい、2人は命の恩人だと今でも思って

大菩薩峠から少し雷岩方面に登ったところに小説『大菩薩峠』で知られる中里介山の文学碑がある。介山は、大菩薩峠の下にある三界庵（さんかいあん）で小説を執筆したという。こういう話も介山荘二代目主人の益田繁と話をすればこそ得られる情報だ

いる。

しかし、その一方で出がけに登山者に注意してやっても満足に聞かない奴《やつ》がいて困ると嘆いた主人もいた。丹沢の塔ノ岳山頂にある尊仏《そんぶつ》山荘主人、花立昭雄《はなたてあきお》である。どういうことか。

春、登山道の雪が溶け、日当たりのよいところは泥濘《でいねい》状態になる。すると、登山者は滑らないようにいわれなくても気を付けて歩く。そのためそういう場所では事故は起きにくい。しかし、それを過ぎた意外なところに危険箇所があり、毎年のようにねんざ、骨折をする人がいるのだという。どういう危険箇所なのだろうか。例えば、塔ノ岳から登山口の大倉に向かう大倉尾根。ここは南斜面のために日当たりがよく雪がどんどん溶けて、それこそ泥濘状態になりやすいところである。だが、同じ斜面でも樹木や岩などの陰になり雪が溶けないで氷の状態のままになっているところがある。まだ凍っていると見てわかればいいが、そのほとんどは表面に赤土がうっすらとかかり、まるで土のように見えるから始末が悪い。そこに不用意に足を乗せたらどうなるか。その途端、滑って転びねんざ、あるいは骨折をするというのである。

花立は山小屋から大倉尾根に下山する人に土の道と見えても下が凍っていることがある。そんな場所に遭遇したらよけて慎重に通るか軽アイゼンを付けて歩くようにとしつこくアドバイスする。軽アイゼンがない時は靴の先を紐《ひも》でぐるぐる巻きにして滑らないようにするようにともいう。しかし、せっかくのアドバイスも聞いていないのか、しばらく経《た》つと「転んだ、歩けなくなった、助けて欲しい」という連絡が山小屋の電話に入ってくる。その結果、花立が警察にヘリコプターの要請をすることになる。1年に1件や2件はかならずといっていいほど起きる。春の山にはそういった登山者が知らない危険が潜んでいるのである。

「注意した時にきちんと聞いていれば痛い思いをしなくても済むのに、話を半分に聞くからそうなる」と花立は怒る。

やはり、介山荘の益田繁、しらびそ小屋の今井行雄のようにその山のことはその山にある山小屋の主人が一番詳しいのである。主人から注意を受けたら素直に聞き、わからないことがあったら遠慮しないで聞くことが安全登山の第一歩になるといえよう。

叱《しか》られたらありがたいと思え
口うるさい山小屋の主人ほど登山者のことを考えている

　東京で一番高い山、雲取山の山頂下にある雲取山荘。その雲取山荘の初代主人で別名、鎌仙人《かませんにん》といわれた富田治三郎は登山者を叱り飛ばしたことでよく知られていた。無言で入って来た登山者にいきなり、「挨拶《あいさつ》はどうした、もう一回やりなおせ」とか、雨降りにカッパを着たまま、山小屋に入って来ると、「お前は家でもカッパを着たまま部屋に上がるのか」と怒鳴った。いわれた登山者は最初驚き、腹立ちを覚えた。が、すぐに、そうか、山小屋とはいえ、人が住んでいる建物だ、挨拶は当然だなとその時、初めて気付き、やり直して入って来た。また、カッパのしずくが土間にたれて足元が濡《ぬ》れているのを改めて知り、しずくは外で切るものだなと気付き、あわてて外で払ったという。それまで見えなかった自分の「非」が叱られて初めてわかったのである。

　ある日などは中学生数人が午後になってから山小屋に入って来た。「今日は泊まりか」と聞くと、「いいえ、日帰りでこれから鴨沢《かもさわ》に下ります」というと、富田は急に顔

山小屋の主人の説明に耳を傾ける登山者たち。登山者は、登山道の状態はもちろん、天候のことなど不安なことがあったら山小屋の主人に尋ねるようにする。山小屋の主人たちは丁寧に教えてくれる。丹沢・鍋割山の鍋割山荘前で

色を変え、「休んでいないでとっとと帰れ、山を何だと思っているんだ」と怒鳴った。中学生たちは、不本意な気持ちで山小屋を後にしたが、富田は中学生たちのことが心配で木に隠れながらしばらく後を付けた。中学生たちが山頂に登り、鴨沢方面の登山道に入ったのを確認して山小屋に戻って来た。中学生たちは怒られたのが面白くなかった。「山小屋に泊まらなかったから叱られたのだ」と富田の悪口をいいながら山道を下りて行った。が、鴨沢が近づくにつれ暗くなっただけでなく、最終バスにぎりぎり間に合った。もし、のんびり休んでいたら、バスに間に合わないどころか、真っ暗になって歩けなかったかも知れない。「下手をすると遭難一歩手前だったんだ……」、そう思うと、あの親父《おやじ》はいたずらに怒ったのではなく、きちんと先を見越して叱ったということがわかり、内心感謝したという。これはその時の中学生が数年後、お礼かたがた、再び雲取山に登ってきて話したという内容だが、残念ながら、その時、すでに仙人は亡《な》くなっていた。

鎌仙人は登山者のことをよく考えていたのだなと思う。満足にガイドブックなどなかった時代である。登山者は山小屋の主人に叱られて山のノウハウを知って行ったのだろう。いわば、主人たちが教科書で「山には山の生き方がある」ということを身をもって教えていたのである。

ガイドブック、登山の心得本が多く出ている現代、山小屋の主人があれこれいう前に登山者の方が本をよく読み行動している。そのため山小屋の主人たちが声を荒らげて怒鳴るということはあまりなくなったようだ。しかし、時として主人と登山者の間で起きるトラブルを聞く。それはほとんど登山者が山小屋に対して苦情をいうものである。ひどい言葉を浴びせられたとか非がないのに叱られたとか、そういった内容である。山小屋の主人の中には残念ながら一部いたずらに怒る人もいた。そういう人は気が付くと、登山者が寄り付かなくなって山小屋がなくなっていたり、違う人が入っていたりする。時が解決してくれるのである。だが、問題は長年やっている人が槍玉《やりだま》に挙げられている場合だ。投書などで名指しで批判されている。何が起きたのか。念のためにある山小屋の主人に聞いたことがある。それはこういった内容だ。ある日、登山者が山小屋で荷物の整理を始めた。自分の回りにザックから荷物を全部出していた。他の人が足の踏み場もないほどだ。そこへ他の登山者が入って来た。主人が他のお客さんのために早めに片付けて欲しいといった。すると、その登山者が怒り延々と苦情をいい始めた。主人はいい方が悪かったら謝るといったが、登山者はプライドが傷ついたらしく、「俺を誰だと思っている」と文句をいい続けた。翌日、その登山者は帰って行ったが、問題は、それからである。雑誌に投書が載ったり、管轄《かんかつ》する町役場から「登山者から苦情が来ている」と電話がかかってきて事情を聞かれたり、公衆電話から大量の予約が入ったり、さらには誹謗《ひぼう》中傷のビラが貼《は》られたりした。

槍玉に挙げられた他の山小屋の主人たちに聞いても内容はほとんど似ていた。叱られた登山者は直接その主人にいわないで投書したり、町役場などに苦情をいうのである。そのため主人たちは口々に「何かあってもあんまりいえなくなったよ」と苦笑する。山小屋の主人たちが保身術で言葉を飲み込むようになってはおしまいである。登山者のためにならない。よくないものはよくないとはっきりいうべきだろう。つまらない誹謗中傷はやがて消えてなくなってしまう。

それはともかく、現代の山小屋の主人たちも鎌仙人と同じように山を預かる者として常に登山者の安全を願い、無事に下りることを願って注意したり、叱ったりするのである。何かいわれても、あの中学生たちが後でありがたいと思ったように考えたらよいのではないだろうか。

コラム①　奥多摩・雲取山荘

新井信太郎（あらい・しんたろう）。1935年、埼玉県秩父《ちちぶ》市に生まれる。少年の頃に登った雲取山に魅せられ、その後、奥秩父、奥多摩、日本アルプスを歩く。60年から先代の富田治三郎の跡を継いで雲取山荘の小屋番となる。現在は息子の晃一と共に山小屋生活を送っている。著書に『雲取山に生きる』（実業之日本社）など。

新井信太郎からキツネが空を飛ぶという奇妙な話を聞いたのはもう何年も前のことになる。またいつかは暑いのに山で寒気を感じるのは近くでシカなどの動物が人間を凝視しているからだとか、はたまた幽霊の話など今までどれほど山にまつわる話を聞いたことか。聞くたびにへえ、と思い、他にはどんな話があるのかと聞いたものである。新井信太郎の口からは次から次へと話が出た。長い間、山にいる人だから出来ることだな、と思った。

つい最近は登山道にある人間の大便の話を聞いた。マナーの悪さをいうのかと思ったら違った。「昔も今も大便は落ちている。人間だから仕方ない。昔の人の大便はすぐに消えたもんさ。動物が食べたり、バクテリアが分解したりしてさ。でも、今の人のは中々なくならない。いつまでもある。おそらくは添加物が入っているので動物が嫌がり、食べなくなっただけでなく、大便そのものも腐りにくくなったのではと思うんだが」という。真偽のほどはわからないが、面白いものの見方をする人である。ただ単に山に長くいるだけでは身に付かない物の見方をしている。今度会いに行ったらどんな話をしてくれるか今から楽しみでならない。

Ⅱ

山に入る前の心構え

自分の体は山歩きに適した体か？
山に入る前に心電図などメディカルチェックを受けよう

「何はともあれ、自分の体がどんな状態にあるかをきちんと調べてもらうのが先決だ」

中高年が山歩きを始めるに当たって何が大切かと山小屋の主人に聞くと、まず答えるのが、こんな具合に医師の診断を受け、きちんと自分の体を把握して欲しいということである。すべてはそれから始まる。

前出の整形外科医の菅栄一も「中高年登山者の山でのトラブルはねんざ、骨折などの怪我《けが》を別とすると心臓、脳の循環障害です。特に脳梗塞《こうそく》、脳出血、心筋梗塞が多い。山の中で起きたら命取りになりかねません。山歩きを始める前はかかりつけの病院、診療所などでメディカルチェックをかならず受けて欲しい」という。

主な項目は、病院によっても違うが基本は心電図、血圧、血糖値、中性脂肪、コレステロール。これらをきちんと調べてもらい、山を歩く上で問題がないという医師の

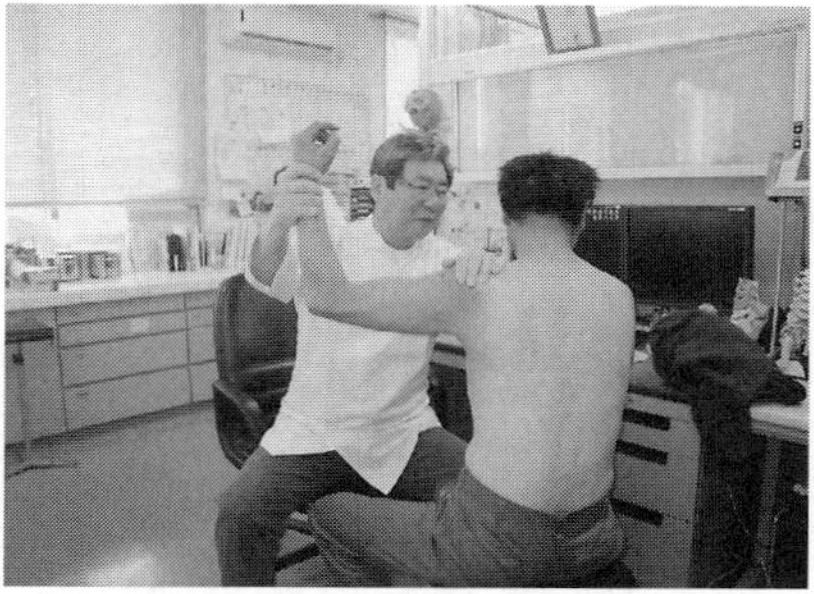

山歩きを始める前はかかりつけの病院などでメディカルチェックを受け、自分の体の状況を把握するようにする。不安に思いながら歩いても決して楽しくない

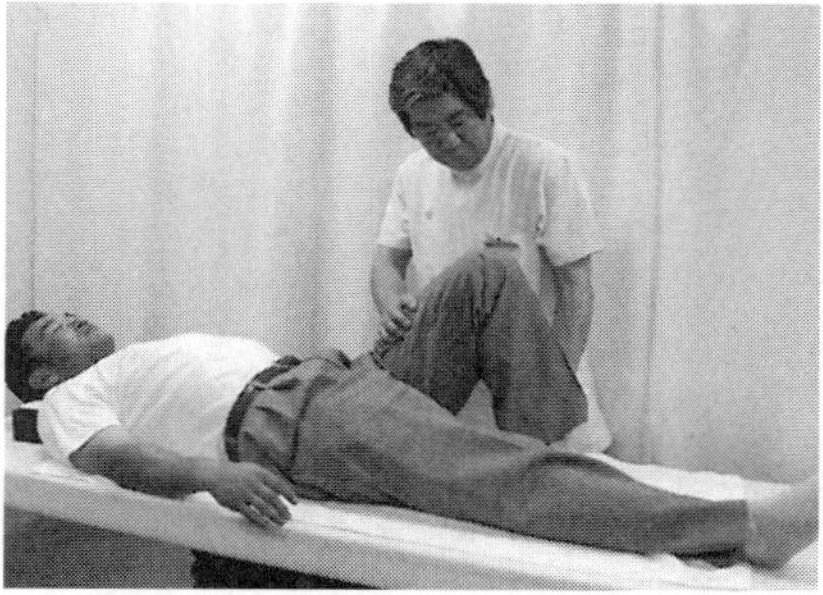

特に必要なのは、心電図、血圧、血糖値、中性脂肪、コレステロールのチェック。要治療の人は治るまで山に入らないか、あるいは許可が下りても服薬は忘れないことである。写真はいずれも菅クリニックで

お墨付きをもらったら山歩きを始める。もし、二次検診並びに治療が必要といわれたら、きちんと薬などを飲み治療する。そして医師から許可が下りたら初めて山歩きを開始する。大切なのは1度だけでなく長期的かつ定期的に検査をして、自分の体の状態をきちんと把握することである。

自分を過信してはならない

今の彼は昔の彼ならず。体力も同じである

山小屋の主人が登山者を見て、いろいろとアドバイスをするのは仕事のひとつである。例えば、登山者が出かける時、今日の予定はと聞く。すると、登山者は「A地点からB地点を経由し、C地点に行く」というように予定を話す。それを聞いた山小屋の主人はその人の年齢と体力などで判断して「それは無理なのでB地点の山小屋に泊まった方がいい」とアドバイスする。すると、ほとんどの人が「俺は若い頃、ここを縦走したことがあるからお前なんかにいわれたくない。ほっといてくれ」と怒り出して行ってしまう。中には「俺は○○の部長をしていた、失敬なことをいうな」と山とは関係ない肩書きや自慢話を持ち出す人がいる。まったく恥ずかしい話で山では肩書きは通用しないことを知らないようだ。この手の話はどこの山小屋でも聞く。山小屋の主人たちはうんざりといった表情をする。

しかし、それで山小屋の仕事は終わった訳ではもちろんない。北アルプスの餓鬼岳

山荘のある小屋番氏はこう語ったものである。

「いうことを聞かない人ほど心配でならない。無視出来ない。無事に着いたかどうか、通過時間を想像しながら着いた頃に山小屋に無線で聞いてみることがある」

その結果、無事に着いたのがわかると、安心出来るが、かならずしもそうはいかない。以前、C地点の山小屋に連絡をしてもそれらしき人は着いていないといわれたことがあった。B地点の山小屋に連絡すると、それらしき人は通過したという。ではどこに行ったのか。もしかしたらどこかで倒れているのかも知れない。B地点の山小屋の小屋番氏に探しに行ってもらった。すると、B地点とC地点の中間で事切れているその人を発見した。小屋番氏のアドバイスを聞いてB地点の山小屋に入れば死ななくてもよかったのである。

「仕事を退職した途端、山歩きを始める人に無茶をする人が多い。若い頃に山を歩いていたので今でも歩けると思っているようだが、体力は確実に落ちている。少し考えればわかることだが、突っ走ってしまう。もっと謙虚になってもらいたい」

大雪渓と高山植物で知られる北アルプスの白馬岳。夏になると大勢の登山者で賑《にぎ》わうが、ここでも様々な問題を抱えている。白馬山荘のある小屋番はずばり「体力と日程に余裕のない人は登って欲しくない」という。

夏の登山シーズンには、登山者が列をなし登って来る北アルプス白馬の大雪渓。憧憬の山ということで生まれて初めて登った山が白馬岳という人が多いが、低い山で訓練し、山歩きに慣れた後に登った方がよい

「シーズン中、夕方、途中で動けなくなってしまった中高年登山者たちを何人も見かける。登山道横に寝込んでしまっているのだ。夏とはいえ、３０００メートル級の稜《りょう》線《せん》は4、５度に下がり冬並みの気温になり凍死しかねない」

聞くと、ほとんどの人は元々体力がないのに登れると過信して登ったり、日程に余裕がないために夜行で来て、満足に睡眠をとらずに登ったために歩けなくなったというのである。中には生まれて初めて登った山が白馬岳だったという人もいて驚かざるをえなかったという。もし、見回りをしなかったら、今頃、白馬岳はどうなっていただろうかと話していたものである。

定年後、山歩きを始めるのはとてもよいことだ。しかし、いきなり始めてはやはり遭難ものである。最初にメディカルチェック（32ページ）を受ける。水泳、ジョギングなどで基礎体力を付け、体を鍛える。それから日帰りで歩ける山などを歩くというように順序を踏むことが必要である。日帰りは1日3時間程度の徒歩で抑える。練習だからといって5時間も歩く人がいるが、疲れてしまい長続きしない。長続きをさせるためには、物足りないくらい程度に抑え、また来週にも行きたいと思うような歩き方の方がよい。そういったことをきちんと繰り返してから白馬岳のような大きな山に入る。その時も夜行列車に乗り、登山口に着いたからといっていきなり歩き出したりなどしない。登山口にある旅館などに泊まり、十分睡眠をとった後に翌日、早朝から歩き出すようにする。コースタイムもガイドブックなどに書かれている時間通りに歩く必要はなく、倍の時間をかけてのんびり歩いてもよい。登山者の中にはコースタイム通りに歩いたといい、喜んでいる人がいるが、それは愚の骨頂だ。中高年登山者は、体に負担がかからないようにマイペースで歩くのが基本なのである。

間違っても昔歩いたからとか憧憬《しょうけい》の山だからといって北アルプスなど高い山にいきなり入るという歩き方はしてはいけない。疲労して取り返しのつかないことになる。自信過剰は命取りになるのである。

危険は山以上に自分の中にある

遭難は自然に対する無知、傲慢《ごうまん》、油断から起きる

『山の軍曹　カールを駆ける』という著書で知られる木下寿男は今ではもう引退してしまったが、かつては中央アルプスのホテル千畳敷で山岳対策支配人を務め、30年以上も登山者の指導にあたってきた人である。登山歴は13歳の時に初めてひとりで木曾《きそ》駒《こま》ヶ岳《たけ》に登って以来、社会人として南アルプスの甲斐《かい》駒ヶ岳から光岳《てかりだけ》まで初の冬期縦走を成し遂げるなど50年近い歴史がある。木下にとって中央アルプスは通い慣れた山で自分の庭のようだという。ちなみに木下の渾名《あだな》は「鬼軍曹」。山を甘く見る登山者はそう呼んで彼を恐れ、山を本当に愛する登山者はそう呼んで敬愛してきた。

その木下は誰よりも中央アルプスを勧めて来た。中央アルプスは他のアルプスと違い、宝剣岳以外は岩場が少なくロープウェイで手軽に登れる山でハイマツが美しい。夏は千畳敷カールの高山植物が咲き誇り、秋はダケカンバ、ナナカマド、カツラなどの紅葉が素晴らしいと目を細める。それは日本で一番きれいな山と絶賛するほどだ。

夏には高山植物が咲き、多くの登山者が訪れる中央アルプス千畳敷カール。しかし、9月に入ると、山はもう秋、雪が降ることもある。山は下界より最低でも季節が1ヶ月早く進んでいるのである。油断すると、遭難騒ぎを起こす。肝に銘じておきたい

しかし、ロープウェイで手軽に登れるためか遭難の多い山でもある。木下が引退するまで遭難現場から担《かつ》ぎ上げた人は遺体も含めて５００人以上にのぼるというからその人数の多さが想像出来る。

遭難は特に秋に多い。木下は遭難を防ぐために秋になると、登山口の前で指導をしてきた。ほとんどの人はしっかりと装備をしていたが、一部の人は装備不足でひと目見ただけで遭難が懸念《けねん》された。そんな時、木下はそれとなく注意する。本当は強制的に止《や》めさせたいが、止めさせる権限がないため指導に留めるのである。すると、「俺は若い頃に山に登っていた。自信があるからお前なんかにいわれる筋合いはない」といい、振り切って行ってしまうという。特に中高年登山者に多いそうだ。後で遭難の連絡が入り、現場に行くと、そんな人が骨折したり、ねんざをしたりしていたことが何度もあった。怪我《けが》ならまだいいが、死亡していることも何度もあった。

「そういった無謀な人を助けに行かなければならない。やりきれないですよ。私たちの意見を謙虚に聞いていれば遭難は起きなかったはず。傲慢はやめて欲しい」

無知から来る遭難も多い。中でもツアーに参加する中高年女性たちである。

「料金が安い、弁当や土産がつくということも手伝い気軽に参加しているが、ほとんどの人が連れて行ってもらうという意識で地図も持っていない。天気が悪くなったらどうするのかと質問しても首をかしげるだけ。無知以外の何物でもない。そんなツアーで参加したある女性が途中で歩けなくなった。救助に行くと、ザックには食料も雨具もなく、あるのは女性週刊誌だけだった」

助かったからよかったものの、遭難予備軍であることは間違いない。そんな人に限ってロープウェイで登れる山だから簡単だと思ったという。木下はロープウェイで便利になったけれど、山の自然の厳しさが緩和された訳ではない。山の厳しさを頭に叩《たた》き込め、と話す。

木下は具体的には次のようなことをしっかり学んで欲しいという。まず山の気候は里より1ヶ月程早いということを知ること。例えば9月下旬から10月上旬にかけて中央アルプスは紅葉の見ごろを迎える。下界はまだ暑い頃である。しかし、山はもう秋、雪が降ることもある。そこに半袖《はんそで》で上がってきたらどうなるか。遭難一歩手前である。これは北アルプスだが、かつて山の初心者がリーダーになり紅葉を見に行こうと登ったことがあった。予想に反し、山は吹雪になり、大量遭難になった。これも山の気候が1ヶ月早いということを知らない無知から来た遭難である。

中央アルプスは10月10日ごろになると、気温はマイナス5度前後に下がる。そして10月中旬になると、積雪が数センチほどになることもある。山の初心者にとっては紅葉どころの騒ぎではなくなっているのである。さらに11月に入ると、気温はマイナス10度以下になることもざらで冬山になっているといってもよい。

木下はこういう。

「山は危険であるけれど、装備や体力をしっかり整え、注意すれば無事に迎えてくれるものである。遭難するのはきちんと準備しないで山に入るからだ。危険は山にあるのではなく、その登山者の中にあるのだ」

遭難しないためには謙虚になり、自分が不案内な場合は本で勉強したり、山小屋に問い合わせをすることが大切という。

山をなめると痛い目に遭う

交通が便利になっても山の厳しさが軽減された訳ではない

南アルプスの広河原と北沢峠を結ぶスーパー林道が開通したのは、今から30年ほど前の1980年のことだ。この道は自然破壊の最たるものだといわれ、批判を浴びた。が、その一方で、かつて甲斐駒ヶ岳に登るためには日本で一番標高差があるといわれる黒戸尾根を登って行かなければならなかったが、このスーパー林道の開通によってアプローチが短くなったため、早い人はその日のうちに頂上を踏めるようになった。

北沢峠で北沢長衛小屋を経営していた竹沢長衛によると、このスーパー林道が開通した途端、山登りに関係ない観光客をはじめ、百名山の1山として是が非でも登りたいと気軽にやって来る登山者が増えたという。それまで山に来るのは若い人がほとんどだったが、一気に中高年登山者が7割にもなったという。それだけ中々入れない山だったのである。しかし、竹沢によると、憧憬《しょうけい》の山に短いアプローチで登れるようになったのはよいとしても、中には山小屋に寄らずに情報もアドバイスも仕入れずにそのまま登って遭難騒ぎを起こす人が増えたという。中には、予約した夫婦が暗くなって山から下りてきたことがあったが、竹沢が遅かったですね、というと、予約しているのがわかっているのなら、遅くなったら迎えに来るべきじゃないのかと怒鳴ったという。無茶なことをいう夫婦もいたものである。自分のことしか考えていない夫婦といえよう。

これは極端な例だが、常識的な登山者ももちろんいる。北沢峠に着くと、山小屋を訪ねて、その日の山の状況を聞き、もし、これから雨が降るなどして登山に不都合なことがあると知ると、山小屋に荷物を置き、周辺散歩に切り替えるという。そして翌日に延期するという。賢い選択だ。「本来、山というのは慎重にやるべきものです。何が起きるかはわからない。山に対して畏怖心《いふしん》がないとしっぺ返しをくらいます。それをバスが走るようになってから南アルプスを甘く見る人が多くなった。交通が便利になっても山の厳しさは以前と少しも変わらないのに」

山の厳しさは交通の便のよさで軽減されない。これは竹沢だけでなく、例えば、小屋の近くにロープウェイの駅がある山小屋のほとんどの主人がいう言葉である。例えば、北八ヶ岳のピラタスロープウェイが近くにある縞枯《しまがれ》山荘の嶋義明は「ゴンドラを降りた途端、吹雪で遭難した人もいる。ロープウェイがあると、大丈夫だと錯覚する

仙丈岳から望んだ甲斐駒ヶ岳。南アルプススーパー林道が出来てから入山が便利になったが、しかし、自然の厳しさに変わりがないことは忘れてはならない

南アルプスの女王と呼ばれる仙丈岳からは天気がよいと日本一の山、富士山と第2位の高峰、北岳を見ることが出来る。山座同定を楽しむ人にとっては絶好の展望台である

ようだ」といって首をかしげた。また、中央アルプスのホテル千畳敷の元支配人の木下寿男も同じように「ロープウェイで軽装で来て遭難寸前になった人がいる。下は秋でも上は真冬ということを知らないのです」と話していたものである。交通の便がよくなっても自然の厳しさは変わらない。常に頭の片隅に叩《たた》き込んでおきたい言葉である。

失敗するのは登山者ばかりではない。油断すると、山のプロでもとんでもないことに出くわすことがある。今はもう辞めてしまったが、以前、町営雲取奥多摩小屋（現・奥多摩小屋）で長年小屋番をしていた別名を岡部仙人といった岡部徹から聞いた話である。ちなみに岡部は奥多摩に生まれ、奥多摩で育った。15歳の時から三条ノ湯で山小屋の仕事をして以来、八方尾根、大菩薩と回り、そして奥多摩小屋に辿《たど》り着いたのだが、やがて奥多摩小屋を辞めた時、小屋番生活は40年以上だったというから小屋番の大ベテランだったのである。

その岡部が冬のある日、雪が降らないと思い鴨沢からバスに乗って奥多摩駅周辺に食料を調達しに出かけた。帰りはタクシーで鴨沢に戻って来ればその日のうちに山小屋に戻れると思った。しかし、奥多摩で友人と会うと、酒を飲んでしまい、その日は実家に泊まることになった。翌朝、起きて驚いた。ドカ雪が降っていた。山小屋に誰かが閉じ込められているのではと心配なために急いで家を出た。タクシーは雪のために途中で止まってしまい、歩かなければならなかった。幹線道路から一歩山に入り、高度が上がるほどに雪が増え、ついには道標が埋まるほど積もっていた。途中の七ツ石小屋に泊まり、それから雪をかき分け小屋に行った。普段なら40分で着けるところを2時間30分もかかったという。幸い誰も小屋に閉じ込められていなかったが、奥多摩といえども油断すると大雪に降られ、生死を分けることがあると痛感したそうだ。麓《ふもと》を道路が走っているといっても、自然は関係なく牙《きば》をむくというのを改めてわかったのである。ちなみに奥多摩は想像以上に雪が降るだけでなく、気温も下がる。体験した中でも最低温度はマイナス15度で、体感温度はマイナス20度まで下がったという。東京で北海道山小屋の中で洗濯物を干すとカチカチに凍ってしまったほどだという。東京で北海道を体験するようなものだ。山を畏《おそ》れる気持ちは忘れてはいけない。

山は危険がいっぱい

濁流、倒木、落石、濃霧など様々な落とし穴がある

「雨が降った後、川が氾濫《はんらん》するとは知ってはいたけれど、よもやあれほどになるとは想像もつかなかった」

こういって驚きの表情を隠さないのは、鍋割《なべわり》山荘の草野延孝《のぶたか》である。その日、丹沢は朝から雨が降っていた。そのため登山者はほとんど歩いていなかった。午後になってようやく雨が止《や》んだ。草野は早々に小屋仕舞いをして自宅に向かうために山を下りた。そして、林道に止めてある車に乗った。いつものように順調に下って行ったが、沢に差し掛かった途端、目を疑った。いつもは小さな沢が濁流と化していたのである。それればかりか上から木や石が音を立てて流れて来ていた。草野は渡るのを断念した。無理して渡れば車ごと流されてしまう恐れがあったからだ。

草野は水が引くのを車の中で待った。すると、1時間ほども経《た》った頃、急激に水が引き始めた。するとあれよ、あれよという間に水嵩《みずかさ》が減り、やがて、ほぼいつもの沢

一見、どこにでもある小さな沢だが、いつ雨のために濁流と化し、渡れなくなるとも限らない。雨の最中よりも雨上がりに注意が必要だ

濃霧になると、道に迷いやすくなる。濃霧になったと思ったら、雨具を着込んで木の下などで待機する方がよい。不安になって歩き回ればそれだけ自分の位置がわからなくなる

の水量に戻った。実にあっけなかった。おかげで無事に渡ることが出来たが、自然は豹変《ひょうへん》するということを目《ま》の当たりにして、日頃慣れた場所でも油断したら大変なことになると痛感したという。

この話を聞いて、1999年8月、同じ丹沢で起きた「玄倉川水難事故」を思い出す。玄倉川の中州でキャンプをしていた子供6人、大人18人が熱帯低気圧による大雨によって増水した水で流され、13人が死亡した痛ましい事故である。あの事故は川が増水するから中州から出るようにと警告されていたが、従わないために起きてしまったことが原因であるが、急激に水が溢《あふ》れ、逃げられなかったのは如何《いか》に水の力が恐ろしいものかと見せ付けられた事故だった。爾来《じらい》、河原や中州にはテントを張らない、雨が降ったら土手の上に逃げるようにする、などと警告されたが、未《いま》だに河原や中州に取り残され救助される事故が後を絶たない。

川で濁流に巻き込まれないためには、いつ牙《きば》をむくともわからない河原や中州には初めから立ち入らないことだ。山の沢の場合も同様だが、登山道を通るために沢を横切らなければならない時もある。沢を見たら、雨が降った後はかならず増水することを頭に入れておきたい。一説によれば、雨が降ってから増水するのは、おおよそ3から4時間後といわれている。一気に増水するために流木や岩などが流れてくる。しかし、草野の例でもわかるように濁流は雨が止んだ数時間後には引く。安全な場所で水が引くのを待つのが賢明である。間違っても無理して渡ってはならない。

草野はスギやヒノキなどの植林の倒木も怖いことのひとつという。時として、植林された木が根をあらわにして倒れ、登山道を塞《ふさ》いでいることがある。登山者が歩いている時に倒れたら大変なことになるが、植林地ではよく見かける光景である。植林の木は自然林と違い、根が浅いため風などで簡単に根元から倒れるのだという。しかも伐採や新しい林道などが造られると、風の通り道が出来る。そこを突風が吹くと、植林はなぎ倒されてしまいがちになる。植林の中で木が倒れている場所があったら風が強い時には気を付けて歩かなければならない。

落石も怖い事故である。１９８０年８月、富士山吉田口９合目付近で大規模な落石があり、８合目と７合目の中間を歩いていた登山者12人が石の下敷きになるなどして死亡し、29人が重軽傷を負った。せっかくの楽しい富士登山も地獄絵図と化し、夏の富士山では最大の事故になった。この落石は登山道はもちろん、林道などどこでも起きると考えるべきだ。ある山小屋の主人などは、いつものように荷物を担《かつ》ぎながら登山道を歩いている時、落石に遭った。突然、音がしたかと思うと、３メートルほど先に机程もの岩が転げ落ちていた。当たっていたら死んでいただろうと思うと、腰が抜け、しばらく動けなかったと話す。それ以来、改めて気を引き締め、常に斜面の岩に注意するようになったという。歩き慣れた登山道とはいえ、油断は出来ないのである。落石の気配を感じたらどうするか。その山小屋の主人は、いたずらに逃げないで落石の方向を見極めて逃げるようにする。逃げたほうに岩がバウンドするかも知れないからだと話す。

濃霧も登山者にとっては大きな落とし穴である。急に目の前が白くなったかと思うと、次には1メートル先も見えなくなっている。特に冬山では怖い。夏山だったらまだ地面と空間の違いがわかるが、冬山は雪と空間の区別がつかなくなるからである。そのため雪庇《せっぴ》を踏み抜いて谷底に転落したり、リングワンデルングといって同じ場所で円を描いて彷徨《ほうこう》してしまう結果になる。南アルプスの甲斐駒ヶ岳では夏でも冬山のようになることがあるというのは、以前、北沢峠にある北沢長衛小屋で小屋番をしていた竹沢長衛だ。

「甲斐駒ヶ岳は元々濃霧がかかりやすい山で、午前10時には真っ白くなっていることが多い。頂上付近は花崗岩《かこうがん》が風化してまるで雪のように白くなっている。そのため一度濃霧になると、冬山のようにホワイトアウト状態になってしまう。誰かが間違えて歩いた踏み跡を正規の道と思い、入って行き道を間違えやすくなる」

カラカラと乾いた音がした。見上げると、岩が猛スピードで宝永噴火口の上の斜面を転げ落ちるのが見えた。いつどこから岩が飛んで来るかわからない。山は危険がいっぱい

登山道を直撃した落石。これに当たったらひとたまりもない。御殿場市・宝永山への登山道で

足元がよく見えないために踏み跡だと思い、安心して入ってしまう結果である。知らず知らずのうちに落とし穴に嵌《はま》っているのである。そんな罠《わな》にかからないためには、どうしたらいいか。

竹沢は「不幸にして濃霧に巻き込まれたら、いたずらに歩き回らずにその場で雨具などありったけの衣類を着込み、濃霧が晴れるのを待つしかない」という。濃霧は風の具合などで晴れる時がかならず来るという。それ以前に濃霧が発生しそうだと思ったり、山小屋の人などに発生しそうだといわれたら、登山を中止して、翌早朝から歩き始めるとか切り替えるようにするべきだ。

しかし、竹沢によると、今日は濃霧が発生しそうだから登山を延期した方がいいといっても、大丈夫といい、登ってしまう登山者が多かったという。そんな人に限って、濃霧にまかれ、道を見失い、結局は捜索することになったという。

濁流、倒木、落石、濃霧。いずれも一歩間違うと命を失う事故ばかりである。こんな具合に安全で楽しく思われる山も一皮剝《む》くと、危険がいっぱいなのである。そのため山を歩く時は、常に危険予知を心掛け、次の瞬間には起きるかも知れないという心積もりをしておくことが必要だ。それが安全登山の基本である。

山のマナーを学べ

登り優先など山のマナーを知らないと他の登山者を不快にさせる

「こっちが登っているにもかかわらず上からどんどん下りて来て、挨拶《あいさつ》もせずに通り過ぎて行く。中には忌々《いまいま》しそうに舌打ちまでしていく奴《やつ》もいる。まったくけしからん」

そういって山小屋の主人が怒っているのを聞くことがある。山歩きでのマナーの悪さを嘆いているのである。町には町のルールがあるように山には山のルールがある。「登り優先」「挨拶をする」「草花を採らない」。この3つが山の3大マナーである。

「登り優先」とは狭い登山道で擦れ違えない時、下りようとしている人が登って来る人を待つことをいう。懸命に登って来る人を少しでも登りやすくしてあげるためである。ただし、いくら登り優先といっても待っている方が団体で長蛇の列の時は登る人が大変になる。中でも中学生の遠足の列などに遭遇した時は過酷な事態になる。いくら「どうぞ」といわれても登れるものではない。適宜解除して交互に登り下りした方が賢明だ。もし、待つ時は山側で待ち、崖側《がけがわ》では待たない。崖側に立っていて登山者に体が触れ、バランスを崩すと崖に転落しないとも限らないからだ。山側に立っていれば、万が一のことがあっても安全である。

擦れ違う時、登って行く人は待ってくれている人に挨拶をする。この場合は「ありがとうございます」という。苦しい時は会釈《えしゃく》のみでよい。無理に声を出す必要はない。挨拶された人は「頑張ってください」とか「こんにちは」と返事をする。中には待っていても知らん顔をして通り過ぎる人もいる。礼儀に反するだけでなく、待っていた人を不愉快にさせる。

山では擦れ違った人と挨拶をするのが礼儀だ。しかし、礼儀だけでなく、そこには情報を得るということもある。挨拶をした時に「この先に危険箇所はありますか」と聞く。ほとんどは何もないことが多く「気を付けて」といい、別れるのだが、時として「この先で橋が落ちているから気を付けて」とか「日向《ひなた》のところは大丈夫だけれど、日陰は道が凍っているから気を付けて」などという注意を得られる。そんな注意を頭に入れて歩けば、危険予知が出来るために事故率は下がる。挨拶もせずに通り過ぎれば、肝心な情報も入らない状態で危険にさらされることになる。山の挨拶は単なるマナーだけでなく、情報交換の場なのである。それを照れなのかあるいは面倒なのかかい

狭い登り坂では登り優先が鉄則である。下りる人が登って来る人を山側で待つ。お疲れ様と声をかけてあげよう。もし、危険箇所が上にあったら教えてあげるのもマナーである。また、下から来た人は情報を得るようにする

ずれかはわからないが、挨拶どころか目を合わさないようにして通り過ぎて行く人がいる。

3つ目の「草花を採らない」は現代においては深刻な問題になっている。173ページに紹介したので参照して欲しい。

これら以外に山のマナーを挙げるときりがないほどあるが、その代表的なことに「山ではゴミを捨てない」がある。当たり前のことだが、その当たり前のことが守られていない。

「最近は大きなゴミはなくなったが、飴《あめ》などをくるむ小さなビニール袋が目立つ。見つける度に腰をかがめて拾うが、重い荷物を背負っている時は大変だ」（しらびそ小屋・今井行雄）

「一見、山頂はきれいに見えるが、しかし、岩の間を覗《のぞ》くと岩と岩の間に弁当の容器が捨てられている。見えないようにわざわざ突っ込んで行く。捨てた方は、きれいに片付けたつもりだろうが、これを我々は手を突っ込んで取らなければならない。岩の上にポーンと捨てられた方が拾いやすいからまだいい」（蓼科《たてしな》山荘・小屋番氏）。

こんな具合にゴミは相変わらず捨てられているのである。それを山小屋の関係者はひとつひとつ拾うのである。拾わないと景観を損なうだけでなく、野生動物が食べ物と間違えて食べてしまい、のどに詰まらせて死ぬこともあるからという。

「ゴミは小屋に置いて行ってもらうようにしている。処分するのは大変だが、登山道に捨てられると拾うのが大変だからだ」

こういうのは雲取山荘の新井信太郎。ゴミは溜《た》まるとヘリコプターで下ろす。そのためゴミの処理代だけでも年間60万円の経費がかかるという。コタツに使う豆炭の灰も周辺に捨てずにゴミと共にヘリコプターで下ろすという。山小屋の知られざる苦労だ。

山の帰りにバスを利用することが多いと思うが、このマナーも問題がある。例えば、南アルプスの広河原のバス停。登山者が疲れながらも長い列を作ってバスを待っているが、バスが来た途端、列が崩れ、バスに殺到する。並んでくださいと係員がいっても知らん顔で乗り込む。そればかりか仲間のために座席にザックなどを置き確保する。そのため先に並んでいた人が座れず、後に並んでいた人が座れるという奇妙な現象が起きる。明らかにマナー違反である。

雲の動きに注意を払おう
山小屋の主人が教える役に立つ雲の基本

左ページに紹介した写真は富士山とそれにかかる雲である。実に美しい造形をしているが、何やら天候変異の兆候を表しているのではないかと不安になる。果たしてどうか。三ツ峠山荘主人の中村光吉《みつよし》は日頃、富士山と雲を絵や写真に残しているので雲の動向に詳しい。その中村によると、写真の雲は笠雲《かさぐも》の「ひとつ笠」か「ひさし笠」ではないかと話す。いずれも雨の兆候を表していて、数時間後にたいてい周辺は雨になるという。湿った大気が富士山など高い山の斜面を駆け上がると、山頂付近で冷やされ、雲が出来、それが笠状態になるからだという。では富士山に笠が出来ると、常に用心しなければならないのだろうか。中村は、笠雲は他に「にかい笠」「おひき笠」など15種類あるが、よこすじ笠、うず笠などは風が強くなり、はなれ笠、つみ笠などは、晴れを表すので心配しなくていいという。笠雲といっても様々な種類があることがわかる。

笠雲。富士山にかかった巨大で美しい笠雲。笠雲にも種類があり、「ひとつ笠」と呼ばれる笠雲が崩れ「ひさし笠」になったような形をしている。いずれも雨の兆候で数時間後雨になった。秋、中央高速道路の河口湖インターチェンジ付近から撮影

では他に悪天になる兆候のある雲としてどんな雲に注意をしたらよいのだろうか。次に主な雲を紹介するので参考にしてもらいたい。

巻雲《けんうん》　高度1万メートル付近にある雲で絹雲《けんうん》、すじ雲とも呼ばれている。青空に白く刷毛《はけ》でさっとなでたように美しく見えるが、半日または1日後には天気が崩れる。

高層雲　巻層雲とよく間違われるが、この雲を通すと太陽または月が出ている時に暈《かさ》（光の輪）が出るので区別が出来る。この雲の中には水と氷の結晶が集まっている。それが落下するのである。花ぐもりやおぼろ月夜はこの雲によるという。数時間後には雨になる。

高積雲　ひつじ雲、だんだら雲などと呼ばれる雲で白か灰色の雲である。雲の流れが東から西の時は晴れるが、西から東の時はじきに雨が降るといわれている。

巻積雲　さば雲、うろこ雲などとも呼ばれる雲で高層にうろこがたくさん並んだように見える。氷の結晶で出来ている。これが現れると、半日後には雨になるといわれている。

層積雲　土手雲、寝雲、くもり空などと呼ばれる雲で標高が一番低い1000から2000メートルに出やすい。一般的にこの雲があると天気は穏やかといわれるが、南から北へと流れると悪天になりやすいという。

高積雲の一種。雲が板状になり、それがいくつも重なったように見え、富士山の三段笠に似ている。この雲が出た数時間後に天気が崩れ、雨が降り出した

飛行機雲。天気が悪くなる兆候があるといわれている。大気の湿度が高い時に飛行機の排気ガスが核となって周囲の水蒸気が凝結して出来る。湿度が低い時は飛行機雲は出ない

積雲　綿雲、太郎雲などと呼ばれる雲で標高３０００から５０００メートル辺りに発生する。これが出ている段階で天気は崩れないが、これが上昇気流によって発達して行くと、積乱雲になり、雷雨を降らすことになる。

積乱雲　いわずと知れた入道雲。山の上でこの雲を近くに見つけた時は早めに低い方へ逃げるようにする。冬も温度差の激しい時に出る雲で雷だけでなく、大雪になることもある。

飛行機雲　大気が乾燥している時には出ず、湿度が高い時に現れる。数時間後から半日後に天気が崩れるといわれている。

コラム②

谷川岳・蓬ヒュッテ

高波菊男（たかなみ・きくお）。土樽山の家の建設、吾策新道の開拓などに尽力した高波吾策の五男として１９４８年、新潟県湯沢町土樽に生まれる。大学卒業後、土樽山の家のほか長年、苗場山の遊仙閣で小屋番をしたが、遊仙閣の閉鎖により現在は蓬ヒュッテの小屋番として活躍している。

高波の山の話が面白い。例えば、ある日、山道で休んでいると音がした。ウサギが草むらから周りを警戒しながら出て来た。やがてウサギが高波の膝《ひざ》に乗り、周りを見渡していた。高波はくすぐったかったが、黙って見ていた。やがて、ウサギは何事もなかったように膝から下りると、今度は反対の草むらに消えた。ただそれだけの話だが、如何《いか》に高波が自然に溶け込んでいるかということがわかる話だ。

そんな高波だが、山小屋に入りたての頃はどのように小屋番をしたらよいかわからなかった。父は吾策新道を造るなどした有名な小屋番だったし、兄も小屋番として知られ存在は大きすぎた。「親父《おやじ》も兄貴もいいが、お前は個性がない」と常連にいわれた。太刀打ち出来ず小屋番を辞めようと何度も思ったが、自分の個性を出せばよいのだと気付くと、持ち前の明るさ、話し好き、料理好きを活《い》かせば何とかなると再出発した。様々な小屋で修業したが一番長くいたのが苗場山の遊仙閣でその期間は32年。残念ながら2008年に突然閉鎖になり、現在は蓬ヒュッテで小屋番をしている。振り出しに戻り、将来に不安を感じない訳ではないが、今まで通り自然を愛し、自然に感謝しながらやっていけば、お客さんも来てくれ何とかなると思う高波である。

Ⅲ

安全な山の歩き方

山の事故のほとんどは歩き始めの1時間以内に起きる

歩き始めはゆっくりのんびり歩こう

歩き始めの30分間はゆっくり歩こうといわれる。歩いているうちに体が温まり、それまで眠っていた体が動き始め、次の一歩がスムーズに出るようになるからだ。その間に登山靴のひもが解《ほど》けたり、ザックの中でコッヘルが音を立てたりしたら直す。いわばプレ山歩き。そのプレ山歩きが終わり、よし、これで行けるぞと思った時から本格的な山歩きが始まるのである。しかし、30分では足りない、最低でも1時間は必要だとアドバイスをするのは、雲取山荘の新井信太郎だ。

「登山者のほとんどは登山口に立つと、気が焦《あせ》っているからか速く歩きたがる。中には走り出す人もいる。速く歩くから具合が悪くなったり転んだりして怪我《けが》をしがちだ」

山の事故は下山時に多いが、その一方で出発の1時間の間に起きるといってもよいそうだ。中には急激に歩き始めたために脳梗塞《こうそく》や心筋梗塞を起こして、あやうく命を

歩き始めはおしゃべりなどに夢中になっていないで、しっかりと準備体操をする。体操は10分ほど体が汗ばむほどするようにする。ベテランほど体操しなくてもよいという人がいるが、それは間違いだ。山歩きが終わった後も整理体操をする

落としそうになった人もいたという。

「登山口に着いたら、おしゃべりなどに夢中になっていないで、体が汗ばむほど準備体操をしてそれからゆっくり歩く。決して慌《あわ》てない。慌てるというのは時間に余裕がないからだ。始発の電車に乗るくらいの気持ちで早めに来て行動すれば何事にも余裕が出来、それが安全登山につながる」

それからゆっくり歩きながら登山靴、ザック、衣類などに注意を配る。新井信太郎は中でもザックに注意して欲しいという。登山者の中には正しいザックの背負い方を知らずに「ザック麻痺《まひ》」を起こしている人を見かけるという。ザックの重みで胸が開き、手が痺《しび》れたり筋肉萎縮《いしゅく》、脱力などが起きる症状である。それは首絞め状態に近く、その結果、血の巡りが悪くなり自然と眠くなってくる。そのためふらふらして転んだり、体調を崩すことになる。そうならないためには正しいザックの背負い方をする。ウエストベルトを腰の辺りで固定し、荷物が腰に載るようにする。それから肩ベルトを調節する。肩ベルトはウエストベルトの補助と考えた方がよい。さらにチェストバンドで肩ベルトを引き寄せる。肩ベルトは細いと肩に食い込むので広い物を選ぶとよい。いずれにしろザックは肩で背負うものではなく、腰で背負うもの、ということがわかるだろう。

準備体操をして体が温まったとしても歩き始めの1時間はゆっくりのんびり歩く。速く歩くと、脳梗塞、心筋梗塞の原因になるといわれている。やはり山歩きは競争ではないのである

しかし、正しい背負い方をしても荷物が必要以上に重くては、肩に負担がかかりザック麻痺を起こす。荷物の量を少なくする必要がある。中身は雨具、食料、水、下着、カメラなど必要な物だけでも個人差があるが、日帰り登山では男性の場合8キロ以内、女性は5キロ以内に抑えるのが理想という。そのためには自宅で荷物をひとつひとつ量り無駄な物があったら置いてくるようにする。寒いからといって重いセーターをそのまま入れるのではなく、軽くて暖かいフリースにするなどの工夫をするようにする。

歩きながら熱があるなど体調が思わしくなかったら、思い切ってその日の登山はやめて引き返す。無理して登っても楽しくないだけでなく、取り返しのつかないことになる。

疲れない山の歩き方とは？
全行程、自然を楽しみながらゆっくり歩くのが疲れない歩き方

まず医学的に疲れない歩き方という方法はあるのか、またそれはどういうものか。前出の整形外科医の菅栄一はこういう。

「疲れるというのは、ハードな運動をすると筋肉が疲労して、酸素が十分回らなくなり、その結果、筋肉に乳酸が増え疲労度が大きくなる状態をいいます。疲れないためには疲労度の高い歩き方、つまり過重な運動をしないことが大切です」

筋肉に乳酸をためないためにもがむしゃらに歩かずにペースを落とし、運動量を減らすことが肝心なのである。そもそも山歩きというのは、競争ではなく、自然にひたるのが本来の目的であるから、自然を見ずにがむしゃらに歩くこと自体からして違うのである。

雲取山荘の新井信太郎も「疲れないためには、とにかくのんびり歩くこと。歩き始めの1時間はゆっくり歩くが、その後も同じペースで歩くようにするのが理想的。歩

調は一定に保ち、町で歩くように小股《こまた》でせかせか歩かずにゆっくり歩くようにする。足も地面からあまり離さないようにすり足で歩く。ペースが速い人がいるからといってつられないでマイペースを守る。そうすれば無駄な体力を使わなくて済むし、余力を残した歩き方にもつながる」と話す。

ゆっくり歩くのもペースが必要だ。だらだらと歩くという意味ではない。靴を着地する時はまず踵《かかと》を地面に置き、それから爪先《つまさき》を付ける。足の裏全体をベタリと付けたり（急な下り坂では必要だが）、靴を引きずるような歩き方はしない。歩幅は狭くても広くても疲れる。無理のない肩幅程度をメドにした歩幅で歩き続けるようにする。こうしてリズムのある歩き方にする。

歩き方には個人差があるが、がに股歩きが疲れないと元町営雲取奥多摩小屋の岡部徹もいう。体を左右に揺らしながら歩く方法である。見た目にあまり格好のよい歩き方ではないが、長年歩き続けているうちに気が付いたらがに股歩きになっていたという。リズムがあり、疲労度が少なく歩けるという。長い間に習得した自分なりの方法であるが、真似《まね》をしたからといってすぐに習得出来るものではないだろう。

それはともかく疲れないというのは、余裕のある歩き方、つまり、余力を残した歩き方のことでもある。ではどれくらいの配分を目安にして歩いたらよいのか。一般的

山はピークを求めて急いで歩くと疲労する。疲労しないためにはコースタイムの倍がかかってもよいから、風景や植物などを楽しみながらのんびり歩くとよい。自然を楽しみながら歩けば自ずと疲れない

には「登りに体力の3分の1を使い、下りに同じく3分の1を使う、そして残りの3分の1は雷が鳴った時などいざという時、身軽に動けるように余力として保持しておくこと」といわれている。初心者には難しい概念と思われるが、体力を小出しにして使うという感覚でよいのではないだろうか。

しかし、歩いているうちに気が付くと少しずつ歩き方が速くなっていることもある。知らず知らずのうちに疲労度を上げているのである。そんな時は意識的にペースを落とすようにする。眺めのよいところで休憩をしたり、花が咲いていたら見るようにし、それから再び初心に戻り歩き始める。

傾斜がきつい登りの場合は、直登を控え、ジグザグに登るようにすると、疲労度が少ない。また、途中に岩が出てきたからといって飛び越えたりせずにそろりそろりと回るようにしていく。どかどかと音を立てたりするなど乱暴な歩き方は決してしない。また、登山道にはよくショートカットをした道がある。そういった道には近道だからといって入り込まない。たいていが急坂になっているために一気にペースが乱れ疲れるだけでなく、足場が悪く怪我《けが》をしないとも限らない。遠回りに見えても正規の登山道を歩く。その方がペースも乱れずに早く着ける。

下りは楽だからといってあまり休憩しない人がいるが、知らず知らずのうちに長距離を歩いていて体力を使い、気がつくと疲労しているものである。疲労すると、注意も散漫になり、転んで怪我をしがちである。また、膝《ひざ》に負担がかかりやすく、関節痛になったり、ひどい時は半月板を損傷し、歩行に困難をきたすことがある。そうならないためには登りより下りほど意識的に休むようにするのが大切である。よく「登りは体力、下りは技術」といわれるが、意識的に休むタイミングを摑《つか》むことも技術のひとつなのである。

疲れないためには登山靴も関係しているというのは鍋割山荘の草野延孝。山を歩く時は、重い靴ではなく、軽い靴にすべきという。重い靴は足枷《あしかせ》をはめたように足の筋肉ばかりでなく、背筋など全身に負荷を与え、疲労度が増し、よい結果を生まないというのである。ちなみに草野が日頃愛用しているのは、登山靴ではなく、スニーカーである。

早めの休憩で疲労を少なくする
水分をよく摂《と》り、よく食べるようにする

休憩をする時は50分歩いたら5分ほど休むとよいといわれているが、それはあくまでも目安で、疲れたら無理をせずに適宜休むようにする。ほんの少し、30秒ほど立ち止まって呼吸を整えるだけでも休憩になる。ただ、あまり頻繁に休んだり寝そべったりすると、意欲がなくなるのでほどほどにしたほうがよいだろう。経験で自分のペースを摑《つか》むことが大切である。

鍋割山荘の草野延孝は100キロもの荷物をこの30年間ほど毎日のようにボッカ（荷揚げ）してきた力持ちである。草野の休憩の仕方を見ているとリズムがある。疲れたからといってすぐに休まない。30分ほど歩いては少し休むということを繰り返している。草野によれば毎回休むところは決まっているという。長い間に自分で見つけた休憩方法なのだ。

その草野によれば、疲れた、休みたいと思った時はたいてい空腹が近づいている時

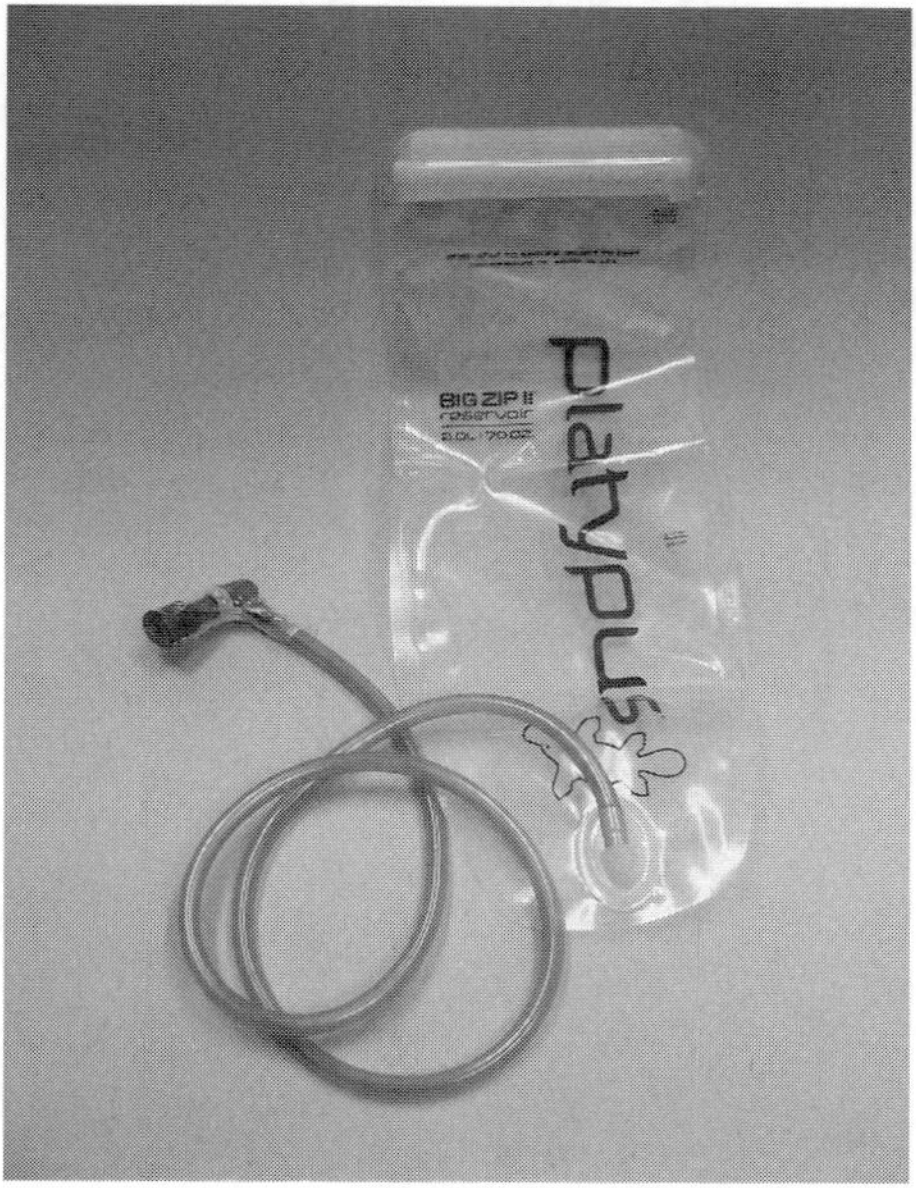

ドリンキングチューブ。スポーツドリンクなど飲料水を詰めたビニール袋につないだチューブで水分を補給する器具。ザックを下ろさずにチューブを通して水分補給が可能だ

だそうだ。そんな時はなるべく眺めのよいところを選び、座るなど楽な姿勢で休憩する。景色を眺めながら水を飲んだり、何か甘い物を口に入れたりする。肝心なのは、空腹になる前に何か消化吸収のよい物を食べることという。完全に空腹になってから食べてもエネルギーになるのに時間がかかるためで、次の行動に支障をきたすからである。具体的には飴《あめ》やチョコレート、バナナなどがよいとされている。ちなみにダイエットのために山歩きを始めたという人を時々見かける。空腹になっても食べないでいる。結果、途中で歩けなくなってしまうのである。山歩きはダイエットの場所ではないことを肝に銘じておきたい。山ではよく食べ、よく飲まないと対応出来ないのである。

「とりわけ水分の補給は大切です」

こういうのは、菅栄一医師。

「登山は大量に汗をかき脱水症状になりやすい運動です。脱水症状になると血液が濃くなり、ドロドロになります。そのため心筋梗塞《こうそく》、脳梗塞になる危険性が高まります。そこでこまめに水を飲み血液をサラサラにしてやります。昔、運動中に水を飲むと疲れるとか動きが悪くなるなどといって飲ませないようにしていましたが、エンジンのエンジンオイルがなくなり、焼け付く寸前のようなものでとんでもないことでした」

疲れたと思う前に早めに眺めのよいところで休憩をし、そのたびに水分を補給したり、チョコレート、飴などの食べ物を口に入れるようにする。休憩のタイミングを外すと、一気に疲労が来て、ばててしまい動けなくなる

時代が変われば水の飲み方も変わってくるものである。ではどのようなものがよいか。菅栄一医師は市販のスポーツドリンクを2分の1程度に薄めたものを飲むとよいという。その理由は、体内での吸収がよいためだそうだ。またスポーツドリンクをすすめる理由は、痙攣《けいれん》予防でもある。運動をすると、汗と共にナトリウムなどの電解質が体外に流れてしまい、バランスが崩れる。バランスが崩れると、こむら返りなど筋肉が痙攣しやすくなるのである。そこへナトリウムやカリウムなどが入ったスポーツドリンクを補給してやると、再びバランスがよくなり痙攣が起きにくくなる。なお、梅干は血液がアルカリ性になり、痙攣予防によいそうだ。

危険箇所は3点確保で進む

手足3本で体を支え、他の1本で安全な場所を探して進むことを3点確保という

山を歩いていて急坂が出てくるのはよくあることだ。そんな場面を注意しないで歩けば転落・滑落につながる。2本足のみで普通に歩けない場所では3点確保と呼ばれる歩行の基本を行う。まずストックを持っていれば、ザックにしまい、手には何も持たないようにする。

3点確保とは手足4本のうち3本で自分の体を支え、他の手足のいずれか1本を触角のようにして安全な場所を求め、少しずつ移動して行く動作のことをいう。1本動いている間は、他の3本の手足が確保しているからまず落ちることはない。しかし、注意したいのは、せっかく手がかりをつかんでもその木や枝、石などが折れたり崩れたりすることがあることだ。3点確保で自分の体を支えながら引っ張ってみたり、押してみたりなどして安全かどうか確かめるようにする。枯れた灌木《かんぼく》などは1本では折れてしまいがちなので何本か摑《つか》んで引っ張ってみる。それでほとんどの場合は大丈夫

急坂など不安定な場所では、手足4本＝4点のうちいずれか3点で体を安定させる。しっかり支えられたという確信が出来たら、他の1点で進む場所を探す。それを繰り返し、危険箇所を切り抜けることを3点確保という

だが、時として折れてしまい使えない時もあるので注意が必要だ。逆に意外と草が丈夫で手がかりになることもある。そういったものにつかまりながら、急坂などをしのぐようにするが、急に力を入れて引っ張ったり、生えている方向とは違う向きに引っ張ったりすると抜ける危険性があるので用心して進むことが大切だ。

事前調査をしっかりと行う

歩く山のことを知り、不安材料を減らして向かう

「塔ノ岳の登山口である大倉から山頂までの標高差は約1200メートルあります。これは北アルプスの燕岳《つばくろだけ》の登山口の中房《なかぶさ》温泉から合戦小屋までの標高差に匹敵します。大変な距離です。このことを知っていれば覚悟して登るのに、調べもしないで歩けば着くだろうくらいの気持ちで登るから、途中で嫌になり登れなくなる人が多くなるのです」

これは丹沢の塔ノ岳で山小屋、尊仏山荘を経営する花立昭雄の話である。大倉から山頂までのコースは馬鹿《ばか》尾根と呼ばれるほど長い大倉尾根を延々と登って行かなければならない。歩いてみてその大変さを初めて体でわかるのである。その結果、登山者の中には途中で疲労したのか夕方頃になってようやく小屋に着き、一休みした後それから下山するという無茶な人もいるという。これは事前調査をしっかりしないために起きる、行き当たりばったり的な歩き方で遭難一歩手前といってよいだろう。

山歩きは自主的に行動してこそ面白いもの。登る山はガイドブックや地図などで調べてから入るようにすると興味がわき、楽しみにもなる。人任せにすると、どこを歩いているのかもわからず興味が半減し、ついには山歩きから離れがちになる

これに似たようなことは元町営雲取奥多摩小屋の岡部徹も話していた。登山者が遅く来て「少し前に南アルプスの鳳凰《ほうおう》三山をやったが、奥多摩はそれより大変だ」といったという。岡部はそれを聞いて「鳳凰三山は山小屋まで5時間で済むが、雲取山は登山口の鴨沢から山頂まで5時間はたっぷりかかる。そんなことも調べないで山に来るとは何事か」といったという。つまり、鳳凰三山は標高が高いから大変で、雲取山は標高が低いから楽だという先入観で見ているという。山は標高の高い低いは関係なく、低くても過酷な山は過酷なのである。そのため登る山ごとにどれくらいの歩行距離があり、そしてどれくらいの時間がかかるかをきちんと把握しておかなければならないのである。これはひとりで登る場合はもちろん、数人、さらには団体で行く時も同じである。団体だからといって誰かが教えてくれるから調べなくてもいいというのはありがちだが、これは大間違い。山のことがわからないから「まだですか、まだ着かないんですか、疲れたよ」というようになる。これでは全体の士気が下がるだけでなく、山のよさにも興味がなくなり、疲労が増すだけになる。ひとりひとりがきちんと調べる必要がある。

その基本となるのは、ガイドブックと地図をよく読み、その山の概要をしっかりと把握することである。特に地図では標高差をはじめ急坂の場所などをきちんと「読む」ようにする。岡部徹は初めて行く山の時は日頃行き慣れている山と比べてみるとよいとアドバイスする。歩く時間、高低など比較してみると、どの程度の山なのかイメージが膨らんで来るというのだ。ガイドブックの中には標高差が出ているものもあるので、それを参考にするとよい。なお、地図は地形しか書かれていない地図よりも、コースタイムや危険箇所などデータが書き込まれている市販のエリア地図が便利。それもなるべく版や発行日が新しいものにする。山の地形は変わらないと思われがちだが、最近は林道、トンネルなどが次々と造られ地形が変わり、道に迷う心配があるからだ。

もし山行日までに時間がある時は、その山を管轄《かんかつ》する市町村に連絡して山の詳しいパンフレットを送ってもらったり、バスが運行しているのかどうかなどを問い合わせるようにする。市販のガイドブックにはない地元ならではのコースが紹介されていることもある。なお、市町村によってはパンフレットの郵送が有料のところもあるが、ほとんどは無料である。

最近ではインターネットでその山の名前を検索すると、山行記録など様々な情報が一瞬で入手出来るようになった。選択に困るほどである。便利といえば便利である。しかし、それらの情報はほとんどが私的な情緒的なもので、市販のガイドブックほどの情報としての正確さは不明である。参考にする程度にした方がよいだろう。

　こんな具合に様々な方法で情報を集め、不安材料を少しでも少なくする努力をする。もしそれでもわからないことがあったら、登る山にある山小屋の主人などに聞く。ただし、1から10まで全部を聞くようなことはしない。山小屋の人は仕事に追われている。仕事の邪魔をしてはならない。本当に知りたいことだけをメモをするなどしてから手短に尋ねるようにする。

　こうしてほぼ満足を得られるデータを集めたら次は机上でシミュレーションをしてみよう。何時に出発して何時に山頂に立ち、そして何時に下山するなどのタイムテーブルを作るのである。もちろん休憩時間を入れることも忘れてはならない。もし、下山時間が遅くなるようだったら、出発時間を早くするなど適宜変更するようにする。そうすれば不安もなくなり、山に行きたい気持ちがますます高まる。

木道・階段を歩く時は、歩行に気を付けよ

人工的な木道・階段には無駄な物だけでなく、危険な物もある

最近、山の中に階段が増えている気がしてならない。例えば、群馬県にある榛名山《はるなさん》。その中央にある榛名富士を囲むように外輪尾根がぐるりとあるが、その一部に木造の階段が造られていた。写真を見てもらうとわかるが、延々と続き、これでは山登りではなく、階段登りだと歩いている人から苦情が出るほどだった。その道はガレている訳でもなく、建設する理由がわからない道だった。登山者は階段を嫌がり、その脇《わき》の道を登って行く。道がガレていないのでそのまま歩けるのである。無駄な階段、すなわち、無駄な工事としか思えないのである。どうすればこういった工事が許可されるのか不思議でならない。しかし、こういった階段は、あちこちの山で見られる。千葉県の南房総市にある富山《とみさん》に登った時も同じように延々と階段が造られ、登り下りがほとんど階段だったといっていい。問題はこの山でも登山者が階段を嫌いその脇を通ることだ。そのため道が広がり、それまでの道の倍に広がってしまったといってもいい

ほどだ。階段を造った意味がわからず、造るべきではなかったのではというのが正直な感想である。もうこれ以上無駄な階段が造られないとよいが、と思っていると、奥秩父は大弛《おおだるみ》小屋の元小屋番、佐藤宗利と話す機会があった。佐藤は牧丘町《まきおか》（現・山梨市）で建材店を経営しながら20年ほども山小屋の小屋番をしてきたが、先年引退した。その佐藤はこう嘆いた。

「夢の庭園に木道が延々と造られ、ハイヒールで入る人が多くなった。それならまだいいが、木道のステップが狭くて事故が起きないか心配だ」

夢の庭園といえば、シャクナゲと岩が美しい深い森で奥秩父らしいところとして知られている。そこに木道が延々と造られたとは。さっそく見に行くと、佐藤のいう通りに延々と造られていただけでなく、階段のステップが狭いのである。登る時はステップとステップの間に足が入るために安全だが、問題は下りる時にステップに足を乗せると、靴がはみ出し、下手をすると踏み外してしまいそうなのである。とりわけ雨の時などは注意して下りなければならない。安全上、ステップは登山靴が完全に乗る幅がないと危険である。もしかしたら登山靴の大きさを知らない人が造ったのではないかと訝《いぶか》ってしまうほどだ。何故《なぜ》こんな木道を造らせたのか、何故、きちんと指導しなかったのかと聞くと、佐藤には何の相談もなく工事業者が勝手に造って行ったとい

無駄に延々と造られたとしか思われない階段。山歩きに来たのか、階段上りに来たのかわからなくなるほどだ。群馬県の榛名山の外輪山で

階段だらけの千葉県南房総市の富山。登山者のほとんどは階段を歩くのを嫌いその横を登って行く。登山道が広くなり、ひいては山崩れの原因になる

〝夢の庭園〟に造られた木道は景観を台無しにしただけでなく、階段の一部は登山靴が完全に乗らないほど狭い。雨の時など滑って落ちる可能性がある。注意して歩かないと危険である

い、登山者のことを何も考えていないと怒る。業者が一番山のことを知っている佐藤に何の相談もなく造っているのである。

造られても歩くのを嫌われその脇を通る階段、造られても危険で歩けない階段。登山者不在の建設物以外の何物でもない。では、いったい何のための階段なのか。土砂崩れを防ぐためなら土留めを置くだけでよいではないか。それを延々と不必要な階段を建設するというのは、山の保全よりその建設自体が目的と思われても仕方ない。山は都合のよい工事現場ではないと思うのだが。

遭難事故を少なくする方法
山はコースの選び方によって事故が減る

　金太郎伝説で知られる箱根外輪山最高峰の金時山。富士山の展望がよいことと手軽に日帰り登山を楽しめることから中高年はもちろん遠足で歩く小学生で賑《にぎ》わう山である。しかし、この金時山で年に1、2回はかならずといっていいほど転落事故が起きていることをご存知だろうか。それも同じ場所でである。

「金時山は火山活動で出来た急峻《きゅうしゅん》な岩山。特に山頂直下の東南側は登山道がガレているので危険です。登りに使うのはいいですけれど、下りには使わない方がいい。毎年、1人か2人、転落して大怪我《おおけが》をするなどの事故が起きています。そういう私も2回ほど転んで怪我をしています」

　こういって注意を促しているのは今は引退したが、金時山の山頂で30年以上も金太郎茶屋を営んでいた勝俣睦枝。勝俣はガイドブックを書く人に会うと、東南側は下りに使わないようにすすめているが、「下山不向き」という記述は中々掲載されないと

明神ヶ岳から望んだ金時山。箱根外輪山の最高峰として小学生も登るほど人気があるが、山頂付近は急坂のため油断は禁物。年に1、2回は転落事故が起きている

山頂からは富士山をはじめ愛鷹山などの展望がよいことで知られる金時山。山座同定が好きな人には山の名前を当てるのに忙しいほどだ。しかし、下山は注意が必要だ

登山道では突然、岩場が出てきてロープが設置されている山もある

いう。そんな道を勝俣が下山道に使うのは、仙石原に自宅があるためで乙女峠経由だと倍の時間がかかるからだ。

「下りる時は注意しながら一歩一歩進んでいるけれど、疲れていたり、ついつい考え事をして、足を岩や木に引っ掛けたりして転んでしまいました。慣れた私でも転ぶのだから、慣れない人は下りには使わないことだね」

実際、問題の箇所を改めて歩いてみる。金時山の登山口である金時神社入口からは樹林帯の中の山道だが、稜線《りょうせん》に着いた途端、岩山になる。そして、山頂が近くになるにつれ、稜線は少しずつ傾斜を増し、足の踏み場も悪くなる。段差に注意しながら登って行くと、じきに山頂となる。足場は悪いが、登りはそれほど問題にならない。

しかし、同じ道を下りて行くと、登りの時と違い、こんなに急坂だったのか、と思い、足がすくむ。一歩間違うと転落しそうな道である。慎重に下って行く。日曜日など混雑する時に上から「早く下りろ」とでも催促があったらあわてててしまい、事故が

登山道にはこんな金属の杭などが残っていて登山者がつまずいて怪我をすることがある。階段などを造ったが、腐った後の残骸である

こういった鎖場では3点確保（85ページ参照）で慎重に下りよう。特に雨の日は岩場が滑り易くなっているので焦ると危険だ。一歩一歩下りるようにする

起きる可能性が大きくなると痛感した。こんな具合に登山道でも登りに使ってもよいが、下りに使ってはいけない道があるのだ。

こういった箇所があるのは、もちろん金時山ばかりではない。岩場、鎖場、梯子《はしご》など危険箇所のある山は挙げればきりがない。危険箇所がない山はないといった方が適切だ。自然は人間のために作られた物ではないのである。では、危険に遭遇しないためにはどうしたらよいか。危険箇所を歩行に不利な下りに使わないようにすることが先決だ。そのためには自分がこれから歩こうとする山をガイドブックで調べ、地図をよく読んで地形をよく理解する。その一方で人工的な物で危険な物もある。階段など建造物を造ったのはよいが、古くなり、木は腐っても金属が残り躓《つまず》いて転んだりするのである。この手の物は意外と多く、抜き去って欲しいが置き去りが普通だ。枯葉の中に隠れている時などは特に要注意だ。

コラム③

丹沢・尊仏《そんぶつ》山荘

花立昭雄（はなたて・あきお）。１９５６年、鹿児島県川内市（現・薩摩川内市）生まれ。大学卒業後、刑務官となったが、25歳の時に尊仏山荘の先代小屋番の山岸猛男の娘、篤子さんと結婚し、30歳の時から小屋番となり、現在に至る。

丹沢の中でももっとも古い山小屋である。そもそもは戦前に横浜山岳会が塔ノ岳山頂に建てた尊仏小屋が前身である。当時は今と違い、山頂はブナなどの樹木に覆《おお》われていた。戦後、朝鮮半島から引き揚げてきた山岸猛男が改築して、山中で採れる山菜の加工小屋にしようとした。その後、小屋は小田急電鉄に買収され、昭和24年に本格的な登山者相手の山小屋として新築され、山岸が管理人となった。昭和30年には県営の尊仏山荘が尊仏小屋に隣接して建設された。山岸はその管理人も兼ねた。それから山岸は約40年も山小屋の主人として活躍した。当時のことは、『丹沢尊仏山荘物語』に詳しい。

現在の小屋番は山岸の娘婿《むすめむこ》の花立昭雄。花立は大学を出て、刑務官をしていたが、結婚して、30歳の時から山小屋に入ることになった。年齢が過ぎていたことや公務員からいきなり山小屋の主人という「転職」にだいぶ戸惑ったようだが、気さくな性格から日に日に登山者の人気を得て、今では二代目小屋番としてなくてはならない存在になっている。

現在は、毎年夏前に上野のデパートで行われる夏山相談会に丹沢の山小屋を代表して、登山者の相談役になっている。

Ⅳ

山道具に関して

道具は専門店で購入する
高くてもよい道具は長持ちする

「登山用品のよしあしは雨の日によくわかる。一見、デザインもよくみんなよい製品に見えるが、品質が落ちる物を着ている人は防寒がしっかりしていないために寒そうにしていたり、靴に水が染《し》み込んだりしていて差が出ている。その逆に品質のよい物を着用している人は快適に過ごしている。少し高くてもよい物を購入した方がいいということがよくわかる」

これは道具の差の話だが、山小屋の主人たちからよく聞く話である。例えば登山靴。同じような登山靴でも雨水が染みてきて冷たいとか靴擦れがして痛いと訴えているのをよく耳にするという。どこで買ったかと聞くと、そういう人に限って専門店ではなく量販店とかディスカウントショップで買ったという答えが返ってくるそうだ。

「山は命がかかっているから、いい加減な道具ではよくない。外見はよく作られているが、中身が安っぽい物が多い。それに騙《だま》されないためにも専門店でアドバイスを聞

山の道具は専門店で購入するようにする。靴の履き心地が悪いなど何か困ったことがあったら、修理など対応してくれるからだ。季節によって用具が変わる店では購入しない

登山靴ばかりでなく、登山用品は店員と相談しながら購入する。歩く山、日数などで靴をはじめ装備の種類が変わってくるからだ。靴が決まったら店の中で履いて感触を確かめてみよう

きながら中身がいいものを購入しないと大変なことになる。スポーツ用品店でも冬になるとスキーの売り場になるようなところではなく、一年中売り場が変わらない店で買うのがいい」

実際、靴選びをしてみるとわかるが、一度、靴を履いてみる。手頃な値段で履き心地がよいと購入する気持ちが動く。普通、それで購入してしまうが、専門店の場合、ワンランク上の靴をすすめられる。履いてみると数千円違うだけで快適さが格段に違うのがわかる。店の中に山道を想定した人工の坂道が造られ、靴の履き心地を試すことが出来るところもある。そういった比較が出来るのが専門店のよさである。さらに登山後は水洗いをして泥を落とす、乾いたら防水処理をするようにしたら長持ちするなどのアドバイスを得られる。これが量販店やディスカウントショップの場合だと、満足に比較が出来ないため中途半端《はんぱ》な靴を買うことになるだけでなく、防水処理などのアドバイスも得られない。この差は大きい。そして、結局、山の中で寒い思いをしたり、靴擦れに悩んだりすることになりかねないのである。ひとつひとつ自分の欲しい道具は店員と相談しながら購入するようにする。

ちなみになるべくワンランク上の製品を購入した方がよいのは次の通りだ。

登山靴、雨具、下着、ズボン、ザックなど。

少し値段は高くなっても長く使える物を選ぶと、長い目で見て、安くなるのである。逆にあえて購入せずに手持ちの物で済ませるようにしたらよいと思われるのは次の通りだ。

上着、帽子、着替え、手袋、防寒具など。

「要するに命に関わる部分には金を使い、そうでないところは日頃、使っている物でカバーするのが上手なやり方だ」と山小屋の主人たちはアドバイスする。

「しかし、専門店だからといってすべてが正しいとは限らない。中には無駄な物まで買わせようとする店があるから用心しなければならない」

こういって注意を促すのは北八ヶ岳のある山小屋の主人だった。それというのも以前、ある登山者が冬に来たことがあった。見ると、12本爪《づめ》アイゼンを持って来ていた。その主人はこの山では4本爪で十分だと注意すると、ある店員に12本爪じゃないと駄目だ、死にますよ、どうなっても知りませんよ、といわれ、購入させられたという。登山者の無知にかこつけて売りつけようとする店の悪いところだと主人は指摘する。売り上げを上げるために売らんかな主義の店が増えたためという。そのため無駄に高価でしかも重い物を持たされるはめになる。それは重いだけでなく、慣れないため思わぬ転倒事故にもつながりかねない。中には満足にアイゼンの履き方の説明もされず買わされたため、山の中でアイゼンを反対、つまり、歯がある方に靴を載せ、このアイゼンは壊れているといった登山者もいたという笑い話もあるほどだ。本当は少しも笑えない話ではあるが。

もちろん登山者も無駄な物を買わされないようにカタログなどであらかじめ知識を持たなければならないとも話す。

「道具として必要な物を自分でノートに書き出してみる。それから不必要な物、家にある物でまかなえる物などに分類して、それで初めて購入する物を決める。そういった作業をしないから無駄な物まで買うことになる」

道具選びは何よりまず自分の発想が大切なのである。

まず雨具・下着を揃《そろ》える
値段は張るが、よい雨具・下着があれば山で快適に過ごせる

「雨の日に飛び込んでくる登山者を見ていると、快適にしている人がいるかと思うと、寒そうにしている人がいます。唇を紫にしてふるえています。この差は雨具と下着の違いからきています。山の6割は雨といわれています。晴れの方が少ないのです。そんな山で快適に過ごすためにはまずよい雨具、よい下着を揃えるべきですね」

セパレートタイプの雨具。値段は高いが、汗で蒸れにくいので雨の日でも快適に山を歩ける

これはほとんどの山小屋の主人がいうことである。しっかりとした雨具、下着を着ないと疲労するだけでなく、体が冷えて風邪を引くばかりか

動けなくなる可能性があると話している。そうならないためには、ビニールの簡易雨具は蒸れた後に体が冷えるので山では使用しない。一着2万円から3万円と値段は張るが、上下セパレートタイプでゴアテックスなどの透湿防水素材の雨具がよい。体から発散する蒸気が素材のミクロの穴から発散されるので蒸れない。これは雨貝だけでなく、風が強い時は、ウィンドブレーカー、寒い時は防寒具にも使える。雨の時にしか使わず、ザックの底に入れておくのはもったいない使い方である。雨具は使ったかどうかにかかわらず自宅に戻ったら、乾かすようにする。乾かさないとカビが生え使えなくなるためだ。

下着は汗をかいてもすぐ乾くクロロファイバーやポリプロピレンなどの化学繊維で出来た製品を着用する。最近はおしゃれなTシャツになっていて人気がある。綿のシャツは汗をかくと冷たく、なかなか乾かないので着ない。ジーンズも汗をかくと冷えて体温を奪うので山では履かない。また、綿の衣類は汗のにおいが残り、スズメバチなどが寄ってきやすくなるといわれているので山では着ないほうがよい。

上着の基本は長袖《ながそで》、長ズボンである。暑くなったら袖をまくればよい。半袖、半ズボンでは日焼けをしたり、寒くなった時、対応出来ないだけでなく、さらには転落、滑落した時にダメージが大きくなる。ちなみに山は100m登るごとに気温が0・6

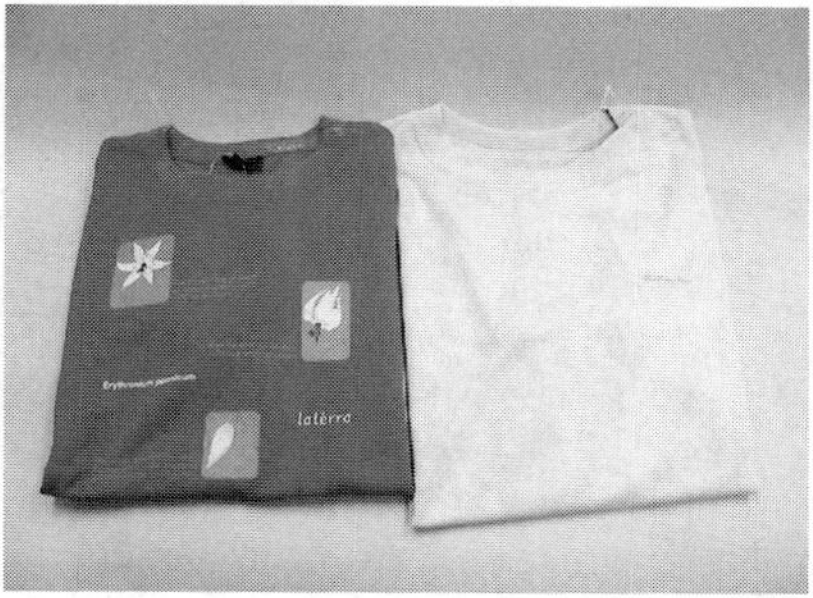

下着の代わりに化繊系のＴシャツを着る人も増えている。最近ではデザインも豊富でおしゃれに着こなせる。なお、下着には綿の物は着ない。汗をかくと冷たく保温性がないためだ

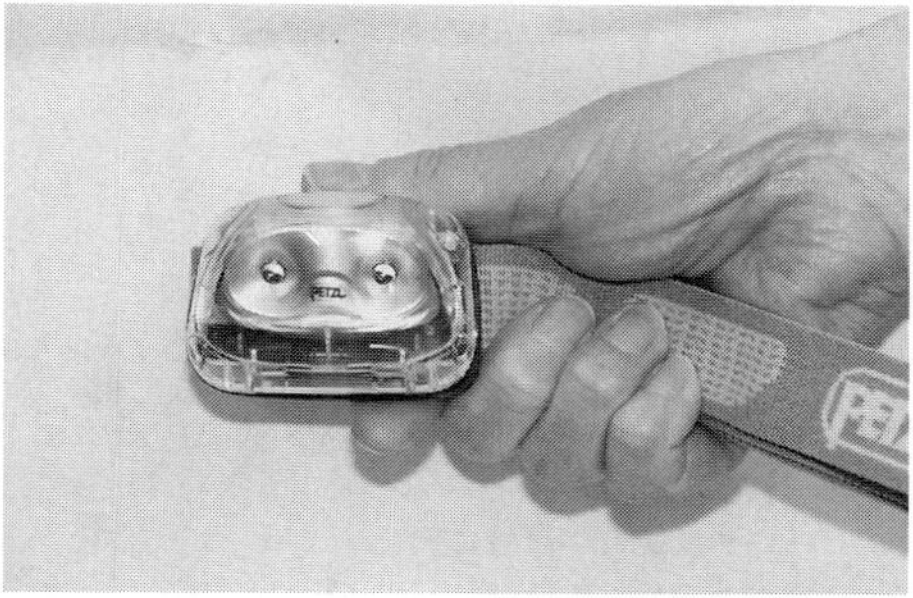

LED（発光ダイオード）を使用した小さくて軽いヘッドランプ。便利だが、山に入る前に点灯するかどうか試すことを忘れてはならない。これは日帰りの山でもザックの中に入れる

カッターシャツなど上着の上にベストを着ると、保温効果があるだけでなく、食べ物など入れられて便利

度下がり、1000m登ると一気に6度下がるといわれている。「寒い、もう一枚着る物を持ってくればよかった」と思っても遅い。そうならないためにも半袖は着ないようにする。

上着の上にベストを着るのはおすすめだ。保温効果があるだけでなく、ザックで上着がすれるのをふせいでくれる。また、ポケットが多いので食べ物をはじめ携帯電話、メモ帳などを収納でき便利だ。夏は日焼け予防に帽子とサングラスが必要だ。

忘れてならないのは、懐中電灯。日帰りだからといって持って行かない人がいるが、遅くなり夕暮れになると、山は暗くなる。特に秋冬は夏よりも2時間半ほども早く日が暮れてしまう。事故がなくてものんびり歩いていると、コースの途中で日が暮れてしまうことがある。山は下界と違い、街灯がないから真っ暗である。そんな時のためにいつも懐中電灯をザックに入れておく必要がある。事前に懐中電灯が確実に点《つ》くかどうかテストするのも大切なことである。

荷物の軽量化をはかる

無駄な荷物は持たず、軽くして軽快に歩く

「疲れて歩けなくなった登山者のザックを見せてもらうとほとんどの場合、荷物が重く、無駄な物が多い。もっと軽量化しなさい、そうしたらもっと楽に歩けるようになると指導している」

こういうのは、鍋割山荘の草野延孝。その代表的な物がセーターだという。山の防寒具というと、セーターが普通だが、持参しない方がよいというのは何故《なぜ》か。

「セーターは量ってみるとわかるが、結構重い。それにかさばり、貴重なザックの空間を占めてしまい、小さなザックだとそれだけでいっぱいになってしまう。軽くするための代替を考えるべきだ」

草野は、セーターの代わりにゴアテックス系の雨具を着ることをすすめている。

「雨具を雨具だけとしか考えない人が多いが、ウィンドブレーカーにも防寒具にも使える。ただし、着る時はまず基本の下着をしっかり着ることが大切。綿の下着は濡《ぬ》れ

ると冷たいから着ない。汗で濡れても冷たくならない化繊やウールで出来た下着を着る。その上に山シャツなどの上着を着て、さらにゴアテックス系の雨具を着る。重ね着をすることで保温効果が上がる。それでも寒い人は着替えを着込めばいい。シャツ一枚でも着ると温かくなりますよ」

こうすれば重いセーターを持たなくてよくなり、雨具が防寒具の代わりになるのである。道具の特性をうまく生かして使うことが軽量化につながるのである。

軽量化は文字通り登山用具を軽い物に切り替えることも大切。例えば懐中電灯。登山者の中には自宅で使っている手持ちの重い懐中電灯をそのまま持参する人もいるが、山ではヘッドランプにする。歩行中は転んでもすぐに手をつけるように手に何も持たないためでもある。ヘッドランプは以前、乾電池を入れた重い物だったが、最近では、LED（発光ダイオード）を使用した小さくて軽いヘッドランプが主流になっている。以前のヘッドランプと違い、重くて下がってくるということもない。

コップもかつては熱が冷めないということでほうろう製品を使用する人もいたが、これが意外と重い。最近では、軽くて丈夫なチタン素材の物が主流になっている。二重構造に作られたマグカップは保温、保冷効果ばかりでなく、口の当たる部分が熱くなりにくいという利点もある。なお、コップはザックの外にぶら下げない。ゴミが入

最近の登山靴は軽くて、防水にもすぐれている。最初はスニーカーでも大丈夫だが、よりよい山歩きをしたくなったら軽登山靴にするとよいだろう

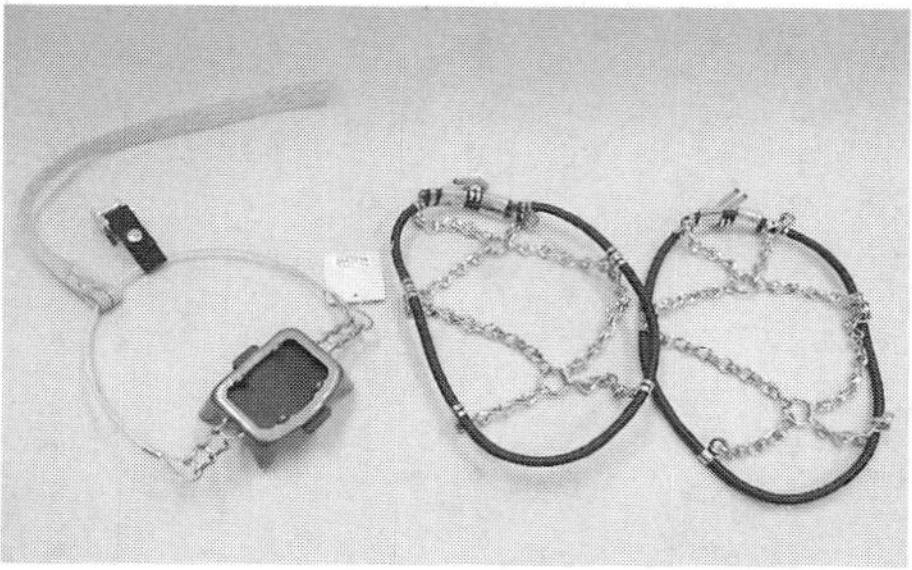

軽アイゼン。4本爪アイゼン（左）とチェーン式アイゼン（右）。低山で雪がある山ではこれで十分だが、チェーン式アイゼンの方が滑らず、自然を傷つけないということで人気がある

り不衛生になるだけでなく、狭いところでは木にひっかかったりして危険なためだ。

　草野は登山靴も軽い物にすれば疲労が少なくなると話す。

「山歩きを始めた人は最初、軽いスニーカーでよいと思う。その方が軽快だ。重い登山靴は足に重しを付けて訓練をしているようなもので疲労度を増す。なるべく軽い靴にした方がいい」

　そういう草野は登山靴を履かずにスニーカーで毎日のように重い荷物をボッカしている。

「荷物の軽量化は食料品の包装紙を外すだけでも出来る」

というのは谷川岳にある、蓬ヒュッテの高波菊男。高波によると、やはりザックが重いという人に限って、ボール紙などに包まれた食料品をそのまま入れている人が多いそうだ。

「家で荷物を整理する時に過剰な包装紙は外して、ビニール袋や風呂敷《ふろしき》などに入れ直す。少しでも軽くなるだけでなく、ゴミが出ない。それをしないとゴミをいつまでも担《かつ》いでいるようなものだ。瓶詰めの果物や缶詰の類《たぐい》も重いのでザックには入れないようにする。どうしても持参したい時は、自宅にあるプラスチック製の密閉容器などに入れ替える。そのほうが軽いし、瓶や缶は食べ終わった後に重いからといって山の中に捨てないとも限らないからだ」

食料品の包装紙を外すだけでも軽くなるばかりか、山に捨てられるゴミが少なくなることにもつながるのである。

無駄な道具は持っていかないことも軽量化につながるという。例えば、ピッケル。ピッケルは冬山で滑落した時に止めるための道具だが、雪のない場所にも持ってくる人を見かける。その場合は、ほとんどファッションで実に無駄な物である。また、杖《つえ》の代わりにもならず重いだけである。同じように雪が少なく軽アイゼンで十分なのに重い12本爪《づめ》アイゼンを持ったりしている。重くて疲労するだけでなく、慣れないと、つまずいて転び怪我《けが》をする可能性もある。これら以外には、高度計やGPSなどを持参する人も見かけるが、本当に必要なのか疑問である。軽量化のためにも実用性をきちんと考えて準備するようにしたいものだ。

ザック麻痺《まひ》に気を付けよう
腰で背負い、肩ベルトは補助程度にする

その状況

「うちの山小屋の前で疲れたといって座り込む人を見ると、ほとんどがザックの背負い方が悪い人ですね。ザックがだらりと尻《しり》のところまで下がり体に負担がくる背負い方をしています。それに引き換え山に慣れて元気な人はきちんとした背負い方をしています」

大菩薩峠で介山荘を営んでいる三代目小屋番益田真路《ますだまみち》の話である。益田は疲れるザックの背負い方をしている登山者に声をかけ、ザックの正しい背負い方を教える。すると、たいてい、楽になった、歩きやすくなったと感謝されるという。

ザックの背負い方を紹介する前に、正しくない背負い方をすると、どうなるか。疲労するだけでなく、腕が痺《しび》れたり、上がらなくなるザック麻痺になるというのは、前

ウエストベルト、チェストバンドのないザックを背負うと、ザックが重みで後ろに垂れ下がり、胸が広げられる。肋骨と鎖骨が接近し、神経と血管が圧迫され、ザック麻痺の原因になる

ザックの背負い方の悪い例

出の菅栄一医師だ。

「重いザックを背負うと、肩ベルトが肩に食い込み鎖骨下にある神経を圧迫するためにザック麻痺が起きます。腕が上がらないだけでなく、握力が極度に落ち、湯飲み茶《ぢゃ》碗《わん》を持つのも出来なくなります」

そればかりでなく、ザックの重さによって肩が下がると同時に胸が広げられる。そのため、肋骨《ろっこつ》と鎖骨が接近し、神経と血管が圧迫され、痺れをはじめ筋萎縮《いしゅく》、脱力が起きるそうだ。

その対策

ザック麻痺に悩まされないためには、よいザックを選ぶことが大切だ。日帰り用なら30リットル前後の縦に長いザックを選び、自分の背中の長さに合った物を探す。長いと見た目が悪いだけでなく、疲労の原因になる。ザックは幅の広いウエストベルト、幅の広い肩ベルト、適度な幅のあるチェストバンドが付いている物にする。

正しいザックの背負い方は、まずザックを背負ったらザックの底が腰の部分に乗るような感覚でウエストベルトを締める。次に肩ベルトを肩に負担がかからない程度に調節する。これでザックは背中に密着した基本的な背負い方になる。それから肩ベル

ウエストベルト、チェストバンドがきちんと付いているザック。ザックは腰で背負うようにウエストベルトで固定し、肩ベルトは支える程度にする。チェストバンドは必ずする。ザックは背中に密着するとザック麻痺は起きにくくなる

ザックの背負い方の良い例

トが脇《わき》の下にもぐりこまないようにチェストバンドで引き寄せ調節する。こうすればザックの背負い方は完璧《かんぺき》で後ろに垂れ下がらない。

しかし、いくらザックやザックの背負い方がよくてもザックの中に道具などを入れるパッキングがうまくないと、よい結果をうまない。よいパッキングの方法は、軽い物（着替えなど）を下に入れ、重い物（カメラ、ガスコンロ、水など）を上にすることだ。ただし、雨具は取り出しやすいように上に入れる。こうすると、荷物の重心が腰の部分に集約される。ザックは腰で背負うという原則から考えれば理にかなった詰め方といえよう。

山小屋の主人は長靴派
軽くて着脱自由、慣れればこれほど楽な靴もない

谷川岳にある蓬ヒュッテ主人、高波菊男は長靴を愛用している。ボッカ（荷物運び）をする時も草刈りをする時も、いつも長靴である。登山靴愛好家からすれば不安定に見えるが、高波は、

「長靴は登山靴と違い安いし、平気で泥道の中にも入れる。第一軽くて足が楽だ。着脱も簡単でしかもスパッツはいらないし、ズボンの裾《すそ》が汚れない。汚れればさっと水洗いすればきれいになり、これほどいい履物はない。登山者も履いたらいいと思うよ」と逆にすすめられる。

高波は小屋番を始めてからかれこれ40年にもなるが、始めた時から長靴を履いてきた。冬も長靴を履くが、アイスバーン状態になっている時は冬用の鋲《びょう》付きの長靴に履き替える。

長靴を履かないのは春の山菜採りの時と夏の一時期。山菜採りの時は足場が悪いと

山小屋の主人の中には長靴を履く人が多いが、蓬ヒュッテの高波菊男もその１人。登山口から蓬ヒュッテまでの大変な往復も長靴でひょいひょいと歩く。雨の道も滑りにくいという

初めて長靴を履いた人には若干不安定な感じがする。そんな時は、写真のように細引きなどで縛ると、靴の中で足が動かなくなり、歩きやすくなる

ころに入るためで夏は蒸れ防止のためである。その時は代わりに農業用の底の厚い地下足袋を履く。

長靴を履く時は厚手の靴下1足あれば十分。実際に履いてみると、軽くて軽快だった。しかし、長年、登山靴を履いてきたためか足首の部分が締まっていないために心もとなさを感じた。高波はそういう時、足首を細引きなどで少し締めてやるとよいという。実際、ヒモで締めてみると、フィット感が出て、より履き心地がよくなった。

コラム④ 丹沢・鍋割山荘

草野延孝（くさの・のぶたか）。１９４８年、長崎県有明町生まれ。大学卒業後、サラリーマンになるが、76年から鍋割山荘の小屋番になり、35年を迎える。この間、自分で山小屋ばかりでなく、水洗トイレまで造り話題を呼ぶ。

草野が鍋割山荘に入ったのはまだ27歳の頃だ。山が好きでいつかは山小屋の主人になろうと思い、探し続けてようやく見つけたのが、主を失っていた小さな鍋割山荘だった。お世辞にもきれいな小屋ではなかった。草野はそれを見て止《や》めるどころかよりよい小屋にしようと決めた。爾来《じらい》、サラリーマンを辞めて、小屋を修復したり、増築を繰り返し大きな小屋にした。小屋だけでなく、登山者によい食事を出そうと豆腐や果物など重い食材を運び夕食、朝食に出した。毎回、荷揚げは100キロを超した。山で食べられる食事としては他に類を見ないほどで登山者の人気を得た。しかし、そんな草野にアクシデントが襲う。山小屋を始めてから何度か海外の山に登ったが、一度、インドヒマラヤで遭難して凍傷になり、足の指を失ってしまったのである。山小屋の存続も難しい状況だった。それでも草野は痛む足を我慢しながら山に入った。バランスを崩し転落しそうになったが、一本の草につかまることで助かったこともあった。草野は雑草のように生きることを決意し、再び山に戻った。今でも重い荷物を背負ってボッカしているが、そのスピードの速さには誰も追いつけない。

V

山小屋に泊まる

山小屋に泊まってみよう
日帰りでは味わえない自然のよさを体感出来る

日帰りの山歩きに慣れたら、今度は山小屋に泊まって1泊2日の山歩きをしてみよう。山小屋に泊まるというのは、日帰りと違い、縦走をして長距離を歩けるということであるが、それ以上に今まで知らなかった自然の美しさに触れられることでもある。

例えば、夕方、遠くの山に日が沈み、夕焼けで空が赤く燃え上がった後、刻々と辺りが暗くなっていく様子は山小屋に泊まらなければ見られない風景である。夜になり、空を見上げると、満天の星空が広がっている。とりわけ秋から冬は空気が澄み、スターウォッチングには絶好の機会となる。東の空にペガサスの大きな四辺形（秋の大四辺形）を探してみよう。ペガサスの四辺形が逆さを向いた天馬ペガサスの胴体の部分にあたっているのがわかる。

スターウォッチングばかりではない。山小屋によっては、足元に町の夜景、海の漁《いさ》り火、さらに夏の花火大会も見られることもある。

山小屋の夜の楽しみは、夜景を見る、星を見るなどがあるが、食後、小屋番と話をするのがもっとも楽しいひとときである。下界では聞けない話を聞ける。奥秩父、金峰山小屋で

南アルプス・大平山荘の初代小屋番の竹澤愛子さんは、高齢だが、体調のよい時は山小屋に上がってきては登山者に昔語りをするのが大好きな人である。味わい深い話が聞ける

しかし、なんといっても山小屋の夜の楽しみは、食後、ランプの灯の下で山小屋の主人から聞く山の話である。長年そこで生活してきただけあって、動物の話から怪談話、不思議な話など興味はつきない。

翌朝は早起きして日の出を拝もう。東の空が黒から藍《あい》、藍からオレンジ色に少しずつ変わり、やがて日の出を迎える様子は美しく何度でも見たくなるほどだ。それから朝食を食べ、やがて出発ということになる。早朝の稜線《りょうせん》は空気がよいばかりでなく、景色も遠くまで見えて清々《すがすが》しいばかりだ。山は山中に泊まってこそ本物という人がいるが、その言葉が本当と思える瞬間だ。

そんな風に泊まると、よりよい山歩きを楽しめる山小屋だが、しかし、利用の仕方を知らないとせっかくの山小屋も台無しになる。そもそも山小屋とはどういった施設なのか。本来、山小屋とは、登山者のための避難施設ということで建設された建物である。初めは旅館的な施設ではなかったのである。それが時代と共に登山人口が増えるに従って料金を取り、食事と寝床を提供する旅館的な存在に移り変わって行ったのである。以前は、登山者人口が多く混雑した。次々とやってくる登山者を泊めなければならないからである。泊めないと野宿させることになるからだ。そのため混雑したのである。それればかりでなく、山小屋側の人手が足りなく、食事がまずい、寝具が汚いというようにマイナス面が多くなりがちだった。

しかし、最近の山小屋はそんな以前の山小屋と違い、予約制を取り入れ、布団《ふとん》1枚に2人寝るというようなことはほとんどなくなった。寝具や食事も改善されているだけでなく、個室を用意する山小屋も多くなった。山の中といっても下界並みのサービスに近づき、以前とは格段の差になっている。

とはいっても水が不便な山の上だけあって旅館のように風呂《ふろ》を完備しているところはほとんどない。汗をかいたらタオルで拭《ふ》くなどするようにし、風呂は下山後、近くにある立ち寄り温泉などに入るようにする。しかし、ある山小屋の主人によれば、初めて山小屋に泊まった人に限って受付が終わった後に「風呂はどこ？　浴衣《ゆかた》はないの？」と当然のように聞いてくるという。中には風呂がないなら金を安くしろという登山客もいて唖然《あぜん》とするという。また、山小屋で販売しているビールやお茶などが高いという人もいるが、山の上に人力やヘリコプターなどで運んでいるために必然的に値段が高くなるのは理解しなければならない。

山小屋を利用する上での常識的なことはこれら以外にもいくつかある。山小屋に入るのは遅くても午後の3時頃までにすることもそのひとつ。午後になると、山では雷が発生し、危険であるからだ。

登山靴の置き場所、寝床の位置などは自分で勝手に決めないでかならず指示を受けたところにする。寝具も寒いからといって勝手に出すなどはしてはならない。山小屋の消灯はほとんどのところで9時（高山では7時というところも）である。下界では考えられない時間だが、山小屋では常識で、従わなければならない。疲労した体に休憩を与えるためである。

翌日、朝食を済ませたら早々に出発する。十分な休養をとった後だけに、よりよい山歩きを楽しめるという具合だ。

こういったことが山小屋を利用する一連の流れだが、さらなる利用方法は「山小屋利用べからず集」（137ページ）などを参照していただきたい。

山小屋利用べからず集

酒を飲み過ぎない、予約したからといって無理して来ない、など

山小屋の主人たちが宿泊する登山者に関して困っていることはいくつかあるが、その筆頭は、挨拶《あいさつ》である。「登山者の中には小屋に黙って入ってきて、いつの間にかストーブの前に座っている人がいて驚くことがある。いくら山小屋といっても人が住んでいるところだ、挨拶くらいして入って来たらどうか、もし、自分の家に見知らぬ人が入って来たらどう思うか」（しらびそ小屋、今井行雄）。山小屋を友人や知人の家と思い、「こんにちは」「お世話になりました」という挨拶は最低限のマナーであろう。

山小屋に着いたからといって、気が緩み酒を飲み過ぎて具合が悪くなる人もいる。「うちは飲み屋じゃない」と怒っていたのは、とある山小屋の主人。「何度もうちに泊まってくれるのはいいけれど、仕事から解放され嬉《うれ》しいのか飲み過ぎて泥酔《でいすい》状態になるていたらく。大声を張り上げたりするので他の登山者に迷惑になるだけでなく、翌日は二日酔いで山を下りられなくなり危険だ」。酒はほどほどにして欲しいものであ

る。二日酔いで山を下りると足を滑らせて事故になりかねない。

困った人の中にはこんな人もいる。一、二度その山小屋に来ただけで次から常連面《づら》をして友人知人を連れてきて、大きな顔をする人がいるという。客を連れてきてくれるのはありがたいが、かえって迷惑だ、という山小屋の主人は多い。肩書きを振り回す人も困る。「俺はどこそこの役所の部長だとか、会社の社長だとか、自分の地位の高さをいっている人がいる。山ではどんな職業だろうが関係ない。自然の前では平等だ」。山の厳しさの前では肩書きは通用しないのである。

水のありがたみをわからない人は来なくてもいいというのは、北アルプスにある山小屋の人たちだ。山小屋のほとんどは水を集めるのに苦労しているが、特に北アルプスの稜線《りょうせん》にある山小屋は雨水などを溜《た》めて利用している。そんな貴重な水を勝手に出し、手や顔を洗ったりしている人がいる。注意すると、水代と称して金を出すという。「金のことをいっているのではない、山は水が貴重だといっているのにわからない人が多くて困る。金で何でも済むと思っている人は山に来なくていい」。確かにそうである。

これら以外に困った登山者には、早朝に目覚めてしまい、みんながまだ寝ているのにビニール袋をガサゴソ音を立てて荷物の整理を始めたり、自分の仲間だけストーブの前に陣取り、他の人が寒そうにしていても知らん顔をしたりするグループがいることだ。かつて、山小屋に入ってくるグループはすぐに仲良くなり、譲り合ったものだが、今は、自分たち以外は関係ないというような態度をするのが目に付くという。自分さえよければよいという時代の風潮の現われか。

山小屋の人が止《や》めて欲しいと話すのは天気の悪い時に山小屋に来ることだ。聞くと、予約したから無理して来たというが、危険この上ない。悪天になったら近くの山小屋に入るようにする。来ないからといって違約金は取らない。後で電話の一本でも入れると互いに気持ちがよいだろう。

山小屋は空《す》いた時に訪れよ

混雑する時期は限られている。閑散期を狙《ねら》え

現在、山小屋はなるべく予約をして欲しいという小屋主の要望が広まってきたためか、混雑はあまり聞かなくなったが、20年ほど前はどこの山小屋も混雑していた。布《ふ》団《とん》1枚に2人ならまだしも3人も寝ることもあった。寝るというより詰められるといった方がよいほどだ。それでも間に合わず小屋主たちが外にテントを張って寝るということもあった。

山小屋が混雑すると、登山者同士で場所の取り合いをしていざこざが起きたり、寝ている時に顔や足を踏まれたりした。また、食事の順番を早くしようと我先に並ぼうとする人まで出てくる。まるで山小屋が戦場と化すのである。そんな殺伐とした雰囲気に、もう二度と山小屋に泊まるものかと思った人も多いのではないか。中には「山の自然を味わいに来たのにどうして人間の醜さを見なければならないのだ」といってテント派に移行した人もいたほどだ。もっともテントはテントでやはり場所の取り合

山小屋が混雑するほどつまらないことはない。静寂を求めてきたのに食事を我先に食べようと人を押しのけるのを見たり、登山者同士で喧嘩をしたりするのを見かける。興醒めだ

山小屋が空いている時に行けば、ゆっくりと出来るだけでなく、山小屋の主人と酒を飲みながら山の話も聞くことが出来る。山小屋は空いた時に行こう

いが起き、同じような問題は発生しているのだが。

それはともかく、ではどうしたら快適に山小屋に泊まれるのだろうか。何人かの小屋主に聞くと、そのほとんどは「空いた時に来るように」ということだった。

「山小屋はいつも混雑している訳ではない。ほんの一時期だ。閑散期は確実にあるからその時に来たらいい」（鍋割山荘・草野延孝）

では、繁忙期と閑散期はいつか。次の通りである。

●繁忙期

5月のゴールデンウィーク期間中
7月20日過ぎの梅雨明け10日間
8月15日前後のお盆
9月の敬老の日、秋分の日とその前後
10月の体育の日とその前後
11月の文化の日、勤労感謝の日とその前後
年末年始

1年365日のうち、繁忙期は限られた時期である。その期間はなるべく外すとよい。とはいっても外せない人もいるのは致し方ない。そんな時はどうするか。

「出発を連休前に1日早めたり、遅くするだけで混雑から逃れられる。時差出勤なら ぬ時差登山です。または、登山者の多くは稜線《りょうせん》にある山小屋に泊まりたがるので山麓《さんろく》や中腹にある山小屋に泊まるのもひとつの手だね」（しらびそ小屋・今井行雄）

これら以外に混雑するのは、テレビやラジオなどで紹介された山小屋や山小屋独自に開催する祭りや行事を行う時である。特にテレビで放映された直後の山小屋の混雑ぶりは筆舌に尽くしがたいほどである。

●閑散期

閑散期はとりもなおさず繁忙期を外した日ということになるが、いつでもよいという訳ではない。やはり日頃の土日、ならびに月曜も混雑する。月曜は理髪店、看護師など土日に休めない人が山に入るのだという。

「狙い目は連休以外の平日の火曜、水曜、木曜だ。それとゴールデンウィーク、体育の日など大きな連休が終わった後の土曜日も意外と登山者は少ない。一番よいのは梅雨時。ほとんどの人は嫌がるが、その時はツツジなど草花が一番美しく見える時である。梅雨の晴れ間は雨で大気が洗われるためとてもきれいだ。そんな空を見るためにも梅雨時に訪れるといい」（介山荘・益田繁）

梅雨時はしっかりとした雨具があれば快適に過ごせるようになった。

「空いている時に山小屋に来れば、日頃、話の出来ない山の話とか怪談話をしてやれる。山歩きが一味も二味も面白くなるんだがなあ」

こういうのは、雲取山荘の新井信太郎だが、こうもいう。

「何度も空いている時を教えているのに、次に来る時はまた混雑している時に来ている。何故《なぜ》かそんな人が多い。日本人というのは混雑しているのが好きなのか、それともみんなと同じことをやると安心するのか、よくわからない」

ベテラン山小屋主人、新井信太郎にとって不思議なことのひとつという。

テーマを持って歩こう

自分なりのテーマを持って歩くと山はより楽しくなる

「うちの山小屋に泊まってくれるのはありがたいが、ピークハンターが多く、何だかスタンプラリーでもしているようで本当にそれでいいのか？　といいたくなる時がある。山というのはその人が登りたくなった山に登ればいいのであって、登る山を仕向けられるものじゃないし、競争ではないと思う。もしある山を好きになったら1度だけでなく、四季折々に登り、自然の変化を楽しむのが本来の山歩きと思うのだが」

これは、とある百名山のひとつに選ばれた山にある山小屋の主人の話である。その主人によると、初めの頃は登山者が増えてよかったと思ったが、そのうち、競い合うように次はあの山に登らなければならないと強迫観念にも似た感覚で登っている人が多く見られるようになった。そんな思いまでして登らなければならない山とはいったい何かと面食らったという。それればかりではない、登山者が多くなったために道が広がったり、ゴミが増えるようになり、山が荒れた。そのため百名山ブームに疑問を持ったという。

ではどうしたら、本来の山歩きを取り戻せるか。その主人は日本百名山ブームに踊らされずにじっくりテーマを考え、自分の好きな山を歩いた方がよいと提案する。

例えば花が好きな人は花が咲いている山を選んで歩く。春にサクラが咲く浅間山（神奈川県箱根町）を皮切りに夏、櫛形山《くしがたやま》（山梨県南アルプス市）のアヤメ、秋は茶臼岳《ちゃうすだけ》（栃木県那須町《なす》）の紅葉、冬は嵯峨山《さがやま》（千葉県鋸南町《きょなんまち》）のスイセンを楽しむというようにすれば一年中各地で相当の数の花を楽しむことが出来る。それもガイドブックに書かれたコースをそのまま歩くのではなく、自分の体力や興味に合わせてアレンジする。ただし、花は漠然と見ているとすぐに忘れてしまう。植物学者にして登山家だった武田久吉《たけだひさよし》は尾瀬の紹介者として知られているが、武田は花と見ると必ず写真を撮り、メモをして、1日数百メートルしか進まなかったといわれている。そのメモの集大成が名著『民俗と植物』という本になった。カメラとメモ帳は忘れないようにしたい。

もし、樹木に興味があり、中でも関東近県にあるブナを見たいと思ったら、図鑑を持ちながら、まず函南原生林《かんなみ》（静岡県函南町）を訪ねてみよう。函南原生林は箱根火山の外輪山のひとつである鞍掛山《くらかけやま》の中腹にある森で江戸時代から禁伐林として手厚く保護されてきた。そのため樹齢数百年といわれるブナをはじめアカガシなどの古木が

山を歩くテーマにはいろいろとあるが、野に咲く花を求めて山を歩く、というテーマも面白い。一年間追い続けると、様々な花を見られる。見る以上は花の名前をチェックしておきたい。花の図鑑はいつも持つようにしよう

上州武尊山の南西山麓にある鹿俣山はブナ林が広がる山として知られている。その規模は関東一といわれるほど広い。ブナを求めて歩く山歩きも味わいがある。関東近県には函南原生林や丹沢などがブナのある山として知られている

ある。1周約2時間半で回れる小規模な森だが、本物の原生林のため圧巻である。ちなみに函南原生林以外にブナを見られるのは、玉原《たんばら》高原（群馬県沼田市）、三国山《みくにやま》（神奈川県箱根町）、三頭山《みとうさん》（東京都檜原《ひのはら》村）などがある。

これら以外のテーマとしては展望のよい山に登り、山座同定（見える山の山名を当てること）を楽しみながらパノラマ写真を撮ったり、峠にある山城跡など歴史に触れながら歩くというのも面白い。

山小屋に連泊して自然を楽しむ

ピークハンターはやめてじっくり山を歩く

1泊2日の山小屋泊まりを数回経験したら、今度は同じ山小屋に連泊することをすすめる。ほとんどの登山者は1泊した後、朝食後、慌《あわ》ただしく出発して行くが、登山者がいなくなり静かになった山小屋の周辺を散策するのも味わいがあるものだ。

信州は北八ヶ岳にあるしらびそ小屋。目の前にみどり池という池があり、見上げると、東天狗岳《ひがしてんぐだけ》がそびえるロケーションのよい場所にある。主人の今井行雄によると、最近は連泊して山を楽しもうとする人が増えているという。

「山はのんびりした時間が流れているところ。そんな山の中に身を置き、風景を眺めていると、都会の慌ただしさを忘れられるよ」

中には2泊どころか3泊、4泊して行く登山者もいるという。そういう登山者には、今井自ら一般には知られていない苔《こけ》の美しい苔庭や北八ヶ岳を一望出来る、地図に載っていない取って置きの場所を案内したりする。また、食事も同じ物にならないよう

しらびそ小屋の前に見える東天狗岳とみどり池。早朝、東天狗岳の胸壁は赤く染まり、みどり池には時々、カモシカもやってくる。都会では味わえないゆっくりと流れる「時」を味わえる

時間がある時、しらびそ小屋主人の今井行雄は、登山者を小屋の近くにある美しい苔のある苔庭に案内することもある。めったに見られない自然である

にメニューを変えたりもする。

その一方で慌ただしいのはツアー客。静寂を破るように登山者が山小屋に入ってきて「休みが5分しかない、コーヒーを大至急作って」というそうだ。今井は、「うちは豆から挽《ひ》くのでコーヒーは5分じゃ出来ないよ」というと、途端に、じゃ、いらないと出て行くという。

「山は自然を味わうものであってそんな慌ただしく登るものじゃないのに。本来の山歩きを知らない。時間に縛られているツアー登山の弊害だ」と今井は首をかしげる。

慌ただしい登山者というと、以前、苗場山山頂にある遊仙閣主人だった高波菊男もこういう。

「山頂にいると、団体客が来たことがあった。みんなで三角点に触り喜び合っている。いい光景だ。しかし、すぐにリーダーがさあ、次は巻機山《まきはたやま》だ、行くぞ、といって下りて行ってしまい驚いた。何をしに山に来たのかと思う。私は苗場山に30年以上通い続け、何百回となく登っているけれど、山の奥深さには登る度に感動する。1回登っただけで苗場山に登った気持ちになる人の思いがよくわからない。ピークハンターには本来の苗場山のよさは少しも味わえない」

苗場山の山頂は広大な湿原になっていて、夏場はチングルマ、イワイチョウなどの

苗場山の山頂周辺を案内していた頃の高波菊男。広大な苗場山は、日帰りではただ登っただけ。連泊して初めてその自然の一部がわかるのではと話す

苗場山の山頂いったいは湿地帯になっていて様々な花を見られる。それ以上に面白いのは、山頂のところどころにある風穴である。苗場山は火山。風穴は溶岩のガスが通り抜けた跡だ

花が咲き誇ることで知られている。また、秋は樹木ばかりでなく、草も紅葉し、湿原全体が金色に染まって見える草紅葉になる。

天気がよい時は、佐渡島、北アルプスなどの山並みのほか遠く富士山まで見えることもある。また、苗場山は元々火山の山。山頂のところどころに溶岩のガスが通り抜けた跡であるトンネル状の風穴が残っている。そういった自然を見るのも山歩きの楽しみのひとつである。高波は時間のある限り登山者をそういった場所に案内したという。連泊をすれば今まで知らなかったよりよい自然に出会えるのである。

仲間意識を大切にせよ

仲間の誰かひとりでも倒れたら全員で下山するのが山の鉄則

今はもう引退してしまったが、数年前まで南アルプスの北沢峠で北沢長衛小屋を営んでいた竹沢長衛から聞いた話である。竹沢は2代目の小屋番で40年以上の小屋番経験を重ねている人だった。その竹沢が首をかしげながら、最近の登山者は信じられないことをするというのだった。

ある年のことである。夕方近くになって予約の登山者が甲斐駒ヶ岳から下りて来た。北海道からの登山者だった。予約では4人のはずだったが、3人しかいない。あと1人はと聞くと、先に来ているはずだといい、逆に山小屋のどこにいるのかと聞かれるのだった。しかし、その日、1人で来た人は誰もいなかった。詳しく聞くと、その1人というのは、朝、北沢峠にバスが着いてすぐに一緒に登ったが、途中で具合が悪くなったので先に下りたというのである。残りの3人はというと、その人を残してそのまま山頂に向かったのである。思わず、竹沢は「調子の悪い人を残して山に登ったのか」と聞かずにはいられなかった。しかし、登山者は、少しも悪びれずに私たちは百名山をやるために遠いところから来ているから時間がもったいないので登った、仕方ないでしょというのだった。竹沢は啞然《あぜん》とせずにはいられなかった。山で誰かが調子が悪くなったら、一緒に山を下りるのが山の掟《おきて》ではなかったのか。それを先に帰して自分たちは頂上に向かうとは。

竹沢は今までこんなことを聞いたことがなく、愕然《がくぜん》とした。だが、怒ってばかりもいられなかった。行方不明の人を探すことが先決だ。いったいどこへ行ってしまったのか。急いで他の山小屋に泊まっていないか聞いて回ったが、その人はどこにも泊まっていなかった。結局は遭難したことが明らかになったのである。急遽《きゅうきょ》、捜索隊が組まれた。ルートをトレースするだけではすまなかった。ルートが2本あり、二手に分かれて探さなければならなかったのである。途中でさらに具合が悪くなり、谷に転落していることも考えられる。

数時間後、幸いに遭難者を探すことが出来た。遭難者は3人とは違うルートを下りてきたが、やはり体調が悪くなり動けなくなっていたのだった。探していなかったらおそらく凍死していただろう。せめてもの幸いに竹沢は安心した。しかし、竹沢の怒りは収まらなかった。「1人がダウンしたら全員で下りてくるのが常識だ。友情より

骨折、ねんざなど仲間の中で誰かが倒れたら、登山は中止にして、全員で助けるのが山での掟である。決して残して先に行くなどはしてはならない。過去には置き去りにしたり、第三者に預けて当事者は山に行ってしまうという不祥事が発生している

山を重んじるあんたらは山に登る資格はない」と説教し続けたという。しかし、その時は遭難したとはいえ、命が助かったからまだ救われる話である。丹沢では同じように具合の悪くなった仲間を置き去りにしたことがあったが、残された人は最悪なことに死亡してしまったのである。

これは丹沢で鍋割山荘を営む草野延孝から聞いた話である。ある年のゴールデンウィークの最中、草野が山小屋で仕事をしている時だった。ある登山者が大丸というところで1人苦しそうにしている人がいると教えてくれたのだ。助けに行くと、中年の男だった。事情を聞くと、仲間と来たが、具合が悪くなったので、下りるからみんなは先に行っていいといったと苦しそうにいう。すると、みんなは大丈夫かと心配しながらも丹沢の主脈を縦走するために塔ノ岳方面に向かった。それから男の具合は悪化し、一歩も歩けなくなった。そんな男を登山者が発見し、草野に教えてくれたのである。草野はその男を山小屋に連れて行き、介抱した。しかし、容態はよくなるどころか悪くなり、とうとう明け方、男は亡《な》くなってしまったのである。翌日、草野はヘリコプターを要請したが、悪天候でヘリコプターが飛ばなかった。そのため、草野は遺体となった男を担《かつ》いで山から下ろした。

男が死亡したのを知った仲間はその後、代表者が一度挨拶《あいさつ》に来た。草野が、「仲間の具合が悪くなったらみんなで下りるのが常識じゃないのか」と聞くと、「大丈夫だから先に行っていいよといわれたから行った」と自己弁護するという。それきり男の仲間は来なくなったが、残された奥さんは毎年のように慰霊登山で草野の小屋に登って来る。そんな奥さんを見ながら、草野は山とはいったい何なのか、人の命とは何なのかと考えるようになったという。

竹沢、そして草野の経験したことからわかるように仲間で山に登っていた時、誰かが体調を崩したら、全員で下りることが先決である。荷物を持ったり、手を貸して下りたりすることが何より大事である。それが山の仲間だ。相手が大丈夫といっても別行動を取るべきではない。後でどのように容態が変化するかわからないからである。

ちなみに死亡した男は心筋梗塞《こうそく》だった。

「人の命より山を選ぶ奴《やつ》は山に登る資格なし」

温厚な竹沢が眉間《みけん》に皺《しわ》を寄せていった言葉が今でも蘇《よみがえ》る。

その山に関した本を読もう

ガイドブックだけでなく、その山について書かれた本を読めばより興味がわく

まずは「夏がくれば思い出す」の歌で知られる尾瀬に関係した本から紹介しよう。尾瀬は日本でも有数の自然の宝庫として知られ、とりわけ初夏に咲くミズバショウを見に行く登山者で賑《にぎ》わう。しかし、多くの人はかつてその美しい尾瀬が東京電力の計画でダム湖の底に沈む危機にあったということをあまり知らないようだ。東京電力は1966年までに発電所を造る計画を持っていたが、激しい反対にあい着工出来ないでいた。計画を放棄したのは1996年、今からたった15年前のことだ。結局、造らなくても済んだダムとはいったい何だったのか、と考えさせられる計画だったといえよう。

また、尾瀬には次々と観光道路が出来たが、新たに三平峠と沼山峠を結ぶ自動車道を造ることになった。これ以上道路を造ってはならない、尾瀬が駄目になると危機感を抱いた平野長靖《ちょうせい》が当時の環境庁長官大石武一《ぶいち》に直訴《じきそ》して計画を中止させた。

こういった美しい自然を守るために対大企業と行われた戦いの様子などが書かれているのが後藤允《まこと》の『尾瀬―山小屋三代の記』（岩波新書）である。ぜひ一読して欲しい。尾瀬に関しては、明治時代に訪れた尾瀬の探訪記などを記した武田久吉の『尾瀬と鬼《き》怒沼《ぬぬま》』（平凡社ライブラリー）や戦前に川崎隆章《たかあき》編で出版された『尾瀬と檜枝岐《ひのえまた》』（那珂《なか》書店）なども参考になる。

次は八ヶ岳に関した本を紹介しよう。芳野《よしの》満彦《みつひこ》の『新編　山靴の音』（中央公論社）は冬の南八ヶ岳の赤岳で壮絶な遭難をし、凍傷を負った結果、五文足になった経緯などが迫力を持って描かれている。ぐいぐいと読ませる筆致は力強いものがある。

一方、北八ヶ岳に関しては山口耀久《あきひさ》の『北八ッ彷徨《ほうこう》』（草文社）が知られている。初め、この本はガイドブックとして書かれたということだが、詩人的感性があふれ、好読み物になっている。これによって八ヶ岳に登る登山者、とりわけ女性登山者が増えたといわれるほどである。また、詩人尾崎喜八の『山の絵本』（新潮文庫）は自然と相対する際の著者の素直な至福感が読者に伝わる好エッセイで、不思議な魅力がある散文集である。

大菩薩連嶺に関しては、松井幹雄編著の『大菩薩連嶺』、岩科《いわしな》小一郎の『大菩薩連嶺』がおすすめだ。前者には尾瀬の項で紹介した武田久吉が「大菩薩の初旅」と題した紀行文を寄せているが、満足に地図もない明治39年に青梅《おうめ》から大菩薩峠を越えるために、今では想像もつかない苦労をする姿が描かれている。真面目《まじめ》すぎて滑稽《こっけい》でさえある。後者は石丸峠などの地名の由来からその地にまつわる話まで載っていて参考になる。ちなみに石丸峠はかつては「いしまら峠」と呼ばれていた。男根の形をした岩があり、子作りの神として周辺の人がお参りに来たが、廃仏毀釈《きしゃく》運動で破壊されたのだという。

奥秩父に関しては、田部《たなべ》重治《じゅうじ》がいる。田部はペーターの研究で知られる英文学者で、山をこよなく愛した人である。日本アルプスはもちろん奥秩父も歩き『日本アルプスと秩父巡礼』という本を出している。この本には金峰《きんぷ》山《さん》、十文字峠、雁坂《かりさか》峠のほか雲取山のことを書いた記事も収められている。田部には回想記『わが山旅五十年』(平凡社ライブラリー)があり、明治から昭和にかけての山行を振り返っていて興味がつきない。奥秩父に関してはもう1人、木暮《こぐれ》理《り》太《た》郎《ろう》も忘れられない登山家だ。木暮は群馬県生まれで子供の頃から秩父の山を見ながら育った。後年、祖父に連れられ赤城山《あかぎさん》に登って以来、山に登るようになった。木暮には著書に『山の憶ひ出』二巻がある。明治42年に雲取山、甲武信岳《こぶしだけ》に登り、さらに足を延ばして金峰山などに登った話などが描かれている。当時は油紙にくるまり寝たという、今からは想像もつかない山歩きをしていたのがわかる。

奥秩父の隣、奥多摩にも名著がある。先に紹介した田部重治は三頭山に登るために八王子を越えて数馬《かずま》の宿に泊まった。「数馬の一夜」という話だが、当時は宿の前を馬が鈴を鳴らして歩いて行ったと、その静けさを紹介している。その宿は現在もある山崎屋という旅館であり、「数馬の一夜」は『新編　山と渓谷』（岩波文庫）に収められている。本を読んで田部が泊まった旅館を訪ねるというのも味わいがある。

奥多摩では瓜生《うりゅう》卓造の『檜原村紀聞』も面白い。檜原村は今でこそ簡単に行けるようになったが、かつては東京のチベットといわれたところであり、奥多摩の山々の登山口にもなっている。村の様子や、人里と書いて「へんぼり」と読むのは縄文時代に大陸からの移民がここに住みつき、村を表すへんぼりを使ったからだという話なども紹介されている。奥多摩好きにはぜひ読んでもらいたい本である。

南アルプスを歩く時は、中村清太郎の『山岳礼拝』『山岳渇仰《かつごう》』や赤石文男の『赤石渓谷』は読んでおきたい。中村は画家で、明治42年に小島烏水《うすい》らと共に白峰・赤石山脈の縦断に参加し、その紀行を『山岳』に発表した。

こんな具合に山に入る前にその山に関した本を読めば、興味がわき、山歩きがさらに楽しくなるというものである。しかし、その一方で現代は山に行く度に林道工事やダム工事などで山の環境が悪化している。山の環境悪化を告発している本も読んでおきたい。

例えば、加藤久晴の『傷だらけの百名山』である。手ぬるい行政、なりふりかまわぬ開発業者、ブームに踊らされている登山者、筆者の厳しい視線が行間ににじみ出る。現代登山者の必読の書といえよう。石川徹也《てつや》の『日本の山を殺すな！』（宝島社文庫）も自然破壊を嘆く内容で、無駄な林道開発や砂防工事などの林野行政に対する批判は的確で、注目に値するといってよいだろう。

環境問題の根本をどう考えたらよいかという原理的な考察において示唆《しさ》に富んでいるのは、鬼頭秀一の『自然保護を問いなおす——環境倫理とネットワーク』（ちくま新書）である。同書ではまず西欧社会から始まった環境倫理思想の系譜を整理し、問題点を洗い出すことで、非西欧社会をも射程に入れた環境思想の枠組を作ろうとする。従来の開発対自然保護、原生自然対人工的生活という発想ではとらえきれない事態の出現を、白神山地の保護問題を例に論じている。自然と人間の係わりの重層性を再認識させる好著で環境問題を考える際の基本文献のひとつといえよう。

コラム⑤　三ツ峠山・三ツ峠山荘

中村光吉（なかむら・みつよし）。1953年、三ツ峠山荘初代小屋主であり写真家だった中村璋《たまき》の長男として富士河口湖町に生まれる。東京の美術学校で絵を学び21歳からはヨーロッパを放浪する。28歳から二代目小屋番として入るが、そのかたわら画家としても活躍する。

三ツ峠山の肩に建つ山小屋である。宿泊者の多くは、登山者はもちろんだが、三ツ峠山から見える富士山を撮影しようとするカメラマン諸氏が多い。実際、三ツ峠山から撮影された富士山が写真展の作品に登場したり、カレンダーに掲載されることは多い。かつては葛飾北斎《かつしかほくさい》も登り、「富《ふ》嶽《がく》三十六景」のひとつ赤富士こと「凱風《がいふう》快晴」を描いたといわれるほど昔も今も富士山がよく見える山として知られている。天気がよいと山頂から望めるシンメトリーのとれた富士山は何と美しいことか。

その昔、この山は信仰登山でよく登られたという。現在の下暮地方面から急な坂道を延々と登り、山頂に到着するのである。その名残は今もある達磨《だるま》石《いし》や八十八大師などに見られる。しかし、現代はこのコースを登る人はほとんど見られなくなり、裏三ツと呼ばれる往復3時間ほどで登れるコースが圧倒的に多くなった。中村はこういう。

「昔の人は山に救いを求め、山から何かを得て帰って行った。山は心の糧《かて》だった。しかし、今の人は山を単なるひとつのレジャーとしてしか考えなくなった。このままでは山は消費の対象でしかなくなる。山のよさを今一度考えて欲しい」

Ⅵ

山で起きている問題

ヤマビルが増えている
その山域に入らないのが一番だが、虫除《むしよ》けスプレーも効果がある

ここ数年、ヤマビルが問題になっている。数年前まではヤマビルのヤの字も聞かなかったのに、急にいわれるようになった。しかもヤマビル研究会（千葉県習志野《ならしの》市）の「ヤマビル注意報」によると、棲息《せいそく》地域を少しずつ増やしているのがわかる。その範囲は実に北は秋田から南は沖縄までと広範囲である。関東とその周辺でも東京、埼玉、千葉、神奈川、群馬、栃木、山梨、静岡、長野に注意報が出ている。出ていないのは今のところ茨城くらいのものである（２０１１年６月の情報）が、いつ現れ注意報が出るとも限らない。

「３、４年ほど前から丹沢もあちこちでヤマビルの目撃が増えてきて困っている。これからはますます増えるのではないかと心配だ」。こういうのは尊仏山荘主人の花立昭雄である。

そもそもヤマビルとは何なのか。ヤマビル研究会によると、ヤマビルはゴカイ類、

山梨県の篠井山で見つけたヤマビル。わずか2〜3センチの大きさしかないが、獲物を求めて頭を動かしながら尺取虫のように移動する。その動きは盛んである

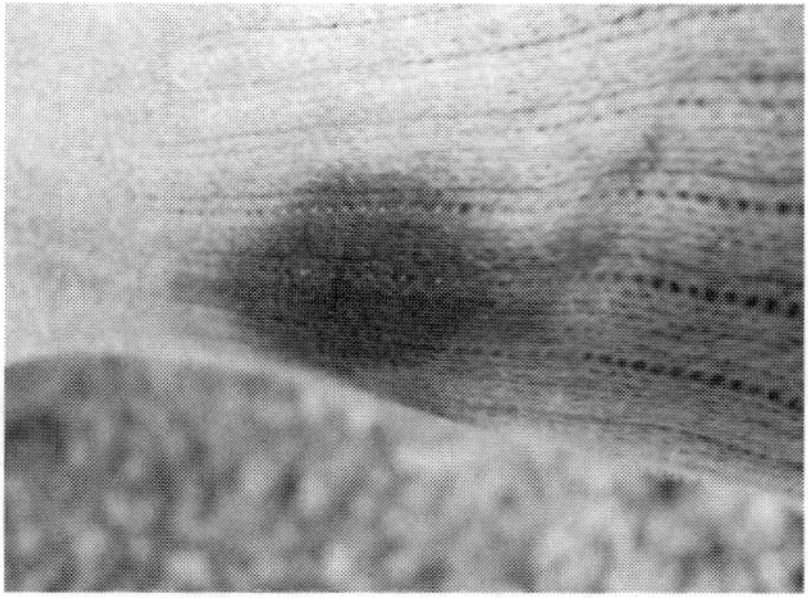

気が付いたら血に染まっていた靴下。痛みがないのでいつ靴下の中に入り込み、血を吸われたのかはわからない。こういった被害に遭う登山者が年々増えている

ミミズ類と同じ環形動物で色は黒など様々だが、代表的なのは赤褐色で背面に3本の黒い縦線がある。前後に吸盤を持ち、尺取虫のように移動し、動物や人間の血を吸う。血を吸う時、モルヒネのような痛みを感じさせない物質を出すため、吸血されても気がつかない。靴下やズボンが血で赤く染まって初めて吸血されたことがわかる。

ヤマビルに吸われる血液の量は多くないが、しばらく血が止まらなかったり、かゆみが残ったりする。ヤマビルが主に棲息する場所は、水分の多い沢筋、動物が駆け抜ける獣道、作業のために人の出入りするスギ林などの人工林で、活動期は5月から10月と長い。中でも梅雨時の6月から7月の気温が25度以上で雨が降っている時や雨上がりに特に多く見られる。11月から4月までの寒い時期は地面、苔《こけ》、落葉の下、石の下などで越冬するという。木の枝など高いところから降って来るという人がいるが、どうやら違うらしい。あくまでも地面が生息地のようだ。それはともかく危険なスズメバチなどと違い、ヤマビルに吸血されても死に至ることはないが、血を吸った後、体が10倍から20倍に膨れ上がる様子はどう見てもグロテスクで気持ち悪い存在だ。

では何故《なぜ》ヤマビルが問題になるほど増えたのか。ヤマビル研究会によると、「地球の温暖化が進み地面が暖まったために生息範囲が広がった可能性がある。また、本来、山の中にいるはずのシカやサル、イノシシなどの動物たちが、餌《えさ》である木の実などが酸性雨などで減少したために、餌を求めて山里に下りてくる機会が多くなった。その動物たちの体にヤマビルが付着して吸血した後に離れたため下界にも増えたようだ」という。ヤマビルが増えたのは元をただせば人間が行ってきた環境破壊のつけということなのだろうか。

対策はどうしたらよいのか。一番よいのはヤマビル注意報が出ている山域には活動期に入らないことだが、ヤマビルが出ても山を歩きたいという人は多いだろう。

尊仏山荘の花立昭雄は、「ヤマビルは塩が苦手のようなので、登山靴に塩をすり込んだり、塩漬けにした靴下を履くと効果がある。もし吸血しているところを発見した時はライターの火を近づけると驚いて簡単に離れる」と話す。

ヤマビル研究会はどのような指導をしているのか。まず大切なのは、肌を露出しないことで、長袖《ながそで》、長ズボン、靴下をしっかりと履く。ヤマビルの進入経路は衣類の隙《すき》間《ま》である。登山靴の上にスパッツをつけてズボンの裾《すそ》から入らないようにする。ヤマビルは靴下にもぐりこめない時は衣類を這《は》って胸元まで上がり襟の部分などから入り込む。そのために首にタオルを巻くなどして隙間を作らないようにする。さらに大切なのは、歩きながら時々ヤマビルが上がって来ていないか全身を確認することだ。仲間がいる時は互いに見てやるようにする。

予防方法としては市販の虫除けスプレーを靴やズボンにかけるだけでも効果があるという。ヤマビル研究会では忌避剤として専用のヤマビルファイターの使用を薦めている。向かってくるヤマビルにはヤマビルジェットという殺虫剤が効果的だそうだ。問い合わせはヤマビル研究会へ。

もし吸血しているのを見たらすぐにヤマビルを千切れないようにはがす。はがしても傷口は大きくならないそうだ。触るのが苦手な人は、虫除けスプレーをかけるとすぐにはがれる。はがれたら止血をせずに流れる血を水で洗い流す。流しているうちにヤマビルが出した分泌物《ぶんぴつぶつ》も流れ出る。その後はかゆみ止めを塗り、絆創膏《ばんそうこう》を貼《は》ると手当は十分という。ちなみに手当にはアンモニアは使わないこと。効果はないそうだ。山歩きを楽しくするためにも、これ以上ヤマビルが増えないことを切に願うばかりだ。

植物の盗掘は犯罪である
花は自然の財産。見るだけにして、「とる」のは写真だけにしよう

「盗掘をするのは未来に対する犯罪行為である」

　こういって高山植物の盗掘を戒めるのは、三ツ峠山荘二代目主人の中村光吉である。三ツ峠山荘は富士山の北側にある三ツ峠山の山頂近くにある。この三ツ峠山は富士山の眺望のよい山、ロッククライミングのゲレンデとして知られているが、高山植物が豊富な山としても知られ、かつてはアツモリソウなどのラン科の植物が群落していた。しかし、中村によると、この15年ほどの間に盗掘に遭い減少してしまったという。盗掘をして行くのは山野草の専門業者ばかりでなく、一般の登山者の中にもいた。中村はいう。

「高山植物は厳しい自然の中で何百年何千年という長い時間をかけてその場に生き残ってきた生命体です。貴重な存在でその場に咲いているのを見るのが一番美しいのです。地球の財産といっても過言ではない。それを金や自分の欲を満たすために突然、

他の場所に持って行く。しかし、持って行っても絶対に育たない、死滅するだけです。盗掘ほど無意味なことはない」

中村によると、盗掘によって駄目になるのは持って行かれた植物だけではなく、その花が育った生態系もバランスが崩れてしまうそうだ。そしてその生態系は瞬《また》く間に縮小し始め、消滅に向かってしまうというのである。地面の中では人間の目ではわからない菌類が活動しているが、その菌類が変化してしまうためなのだとか。その結果、何年か後には植物も生えなくなってしまう。つまり未来の人が花を見られなくなる。盗掘をするのは反社会的な行いだけでなく、未来に対する犯罪行為なのである。

犯罪行為といえば、山梨県では高山植物を盗掘すると、自然公園法違反ならびに山梨県高山植物条例違反で逮捕される。実際、今まで逮捕された盗掘者は何人もいて、犯人は手錠、腰縄で現場検証をさせられるのである。

盗掘は何も高い山だけで行われる訳ではない。例えば埼玉県の小鹿野町《おがのまち》。ここでは早春に町外れにある山の斜面にセツブンソウが咲くことで知られている。斜面がまるで雪が降ったように白くなり見事で、これも希少価値である。しかし、ここの関係者によると、盗掘が多い。盗掘された場所を補うために新たにセツブンソウを植えても、それを持って行く人がいるのだ。

三ツ峠山は富士山の好展望台として知られている一方で、高山植物の宝庫としても知られている。しかし、盗掘でラン科の植物などが減り、お花畑の衰退が目に見えている

埼玉県小鹿野町にあるセツブンソウ園のセツブンソウ。初春の頃、雪が降ったように白く染まる。しかし、盗掘が多く、植えても植えてもなくなると関係者は頭を抱えている

また長野県の避暑地にはH山という山があり、春になるとサクラソウが咲くことで知られている。しかし、ここのサクラソウも年々減っている。その代わりH山の山麓《さんろく》にある別荘の庭にサクラソウが咲いている。嘆かわしい話である。

こういった事例は盗掘で壊滅状態になった三国山のフジアザミなどあげればきりがないほどだが、極めつきは千葉県鋸南町にある嵯峨山のスイセンである。嵯峨山は毎年1月にスイセンが咲く山として知られている。ここは江戸の昔からスイセンを栽培し、越前、淡路と並ぶ日本三大産地として知られてきた。私も毎年のように行き、可《か》憐《れん》なスイセンを見て春を感じることが出来嬉《うれ》しくなったものである。そしてその都度、新聞や雑誌に紹介してきた。2007年も新聞に書くために鋸南町に問い合わせをしたが、その時、何と嵯峨山はもう紹介しないで欲しいというのである。理由を聞くと、登山者や観光客が来て根こそぎスイセンを持って行くだけでなく、ゴミは捨てるわ、ところかまわず糞尿《ふんにょう》はするわで、栽培農家からもう嵯峨山の紹介はさせるなという苦情が来ているからというのだ。それを聞いて私は唖然《あぜん》とすると共に、ここでもそうなのかと思ってしまう。スイセンの咲くよい山だからひとりでも多くの人に見てもらいたいと思って記事を書くのだが、盗掘をする人には盗掘情報になっているのである。

嵯峨山を紹介した時、確かに私の脳裏には「紹介＝盗掘」という図式がよぎったが、まさか栽培農家の目がある嵯峨山でも同じことが起きるとは思わなかった。しかし、実際は盗掘が繰り返されていたのである。もはやこれは「花好きに悪い人はいない」という次元ではなく、犯罪以外の何物でもない。

最近、山における日本人のマナーがよくなったといわれるが、いったいどこがだ、と思わずにはいられなかったものである。そのうちこの嵯峨山でこれ以上の盗掘が続くと、関係者は登山者を立ち入り禁止にしてしまうかも知れない。可能性はある。そうなると、我々ばかりでなく、未来の人もこの山に足を踏み入れられなくなる。現代人の我々の一部の人のせいで未来の人が害をこうむるというのは、恥ずかしい以外の何物でもない。盗掘は犯罪という意識をもって欲しい。

ダブルストックは山を駄目にする?!
ストックを使うより足腰を鍛える方が先決では

「昔はストックを突いて山を歩く登山者をあまり見かけなかったが、中高年が山に来るようになってからほとんどの人が使うようになった。アクセサリーとして持ち歩くなら不要だし、杖《つえ》を突きながら歩いたらかえってペースが下がり、遅くなるのではないか。山でやめてもらいたいことのひとつだ」

こういうのは、とある山小屋の主人である。いったい何故《なぜ》か。その主人はこういう。

「ストックを突くと、登山道に穴が開いて荒れてしまう。特に雨の日など20人ほどもの団体客がダブルストックで山を歩いた後は登山道が畑のように掘り返されて無残だ。それだけで済めばいいが、そこに水がたまり、泥田のようになってどんどん崩れて行く。後から来た団体がそれを嫌がり、その横を同じようにダブルストックで歩く。すると、瞬《またた》く間にもう1本道が出来、荒れ地が広がるばかりだ」

いかにストックが山道を荒らしているかということがわかる話である。

奥秩父の両神山では以前、山の持ち主があまりにも山が荒れるのでストックを禁止したことがあったほどだ。現在、両神山は埼玉県秩父郡小鹿野町が管轄《かんかつ》し、禁止の措置はとっていないものの、ストックを使う時は先端にゴムを被《かぶ》せて使用するようにと指導している。

ダブルストックで歩く登山者。本人は楽かも知れないが、登山道が傷む心配は否めない。雨の日は使わないとか、先端の石突きにゴムを被せるなど、インパクトが少ないようにしたい

ストックの弊害はそればかりではない。ストックを十分に使いこなせないのに持ち歩くためにとんでもないところに突き、バランスを崩して転倒したり、さらには誤って人に危害を加えたりするという事故が繰り返し起きている。またストックを使うことが楽だと思うようで、体を積極的に鍛えなくなっている人も増えている。ストックがなくても山を歩けるようでないといざとなった時、歩行困難になるばかりである。ストックを購入する以前に足腰を鍛える方が先決なのではない

か。今後はストックを使っても1本にしたり、雨の日はなるべく使わないようにしたりする。そういった対策を講じないとストック禍はますます広がり、日本の登山道は駄目になってしまうだろう。

毒草などわからない植物には手を出さない
知ったかぶりして食べると大変なことになる

ある山小屋の小屋番が経験した話である。ある日、小屋で仕事をしていると、女性登山者が「助けてください」と苦しそうに飛び込んできた。事情を聞くと、その女性は昼にご主人とラーメンを作り食べたが、急に腹痛を起こし苦しみ始めたそうだ。普通にラーメンを作ったら腹痛は起こさないはずである。何か入れたのかと聞くと、近くにあった野草をホウレンソウ代わりに入れたという。小屋番はもしかしたらと思い、現場に向かった。現場ではご主人が苦しそうにしていた。見ると、鍋《なべ》の中にはバイケイソウ（ユリ科）が刻まれて入っていた。バイケイソウは猛毒である。それを知らずに美味《おい》しそうだったので切り取って入れたのだ。無知以外の何物でもない。

小屋番はすぐに警察に連絡し、ヘリコプターを要請した。やがて飛来してきたヘリコプターで登山者は搬送された。幸い命に別状はなかったが、バイケイソウが毒だということを知っていれば、起きなかった事故である。もちろんそれ以前に高山植物は葉一枚も採取してはならないという山の常識を守っていれば起きなかった事故である。

しかし、残念ながらこの手の事故はよくあることだ。例えば、ウルシの芽をタラノメと間違えて食べて内臓がただれてしまうとか、バイケイソウをギボウシ（ユリ科）と間違えるなどである。知識のある人なら区別はつき、ありえない間違いといえるが、不思議とウルシとタラノメ、バイケイソウとギボウシはよく似ているだけでなく、隣り合うようにして生育しているために素人《しろうと》には間違えやすいのである。ちなみにタラノキは幹にトゲがあるが、ウルシにはトゲがない。こういった違いを知っていれば起きない事故である。

これらの他にもクサノオウ（ケシ科）をヨモギ（キク科）と間違えたり、ドクゼリ（セリ科）をセリ（セリ科）と間違えたりすることがある。ちなみに、クサノオウは切るとオレンジ色の汁が出て、ドクゼリは根茎が太いのが特徴である。

こうした違いは図鑑を見ればわかることだ。山菜採りには植物図鑑を持参することをすすめる。わからない時は、知ったかぶりして手を出さない方が賢明である。また、登山道を歩きながら草笛を作るといってよく知らない草をちぎって口に運ぶこともやめるべきである。

参考に山でよく見かける毒草を紹介するので気を付けよう。

バイケイソウ（ユリ科）

レンゲツツジ（ツツジ科）

ミツマタ（ジンチョウゲ科）

フクジュソウ（キンポウゲ科）

ミズバショウ（サトイモ科）

よく山で見かける毒草の数々、その1

スズラン（ユリ科）

スイセン（ヒガンバナ科）

オダマキ（キンポウゲ科）

ハシリドコロ（ナス科）

トリカブト（キンポウゲ科）

よく山で見かける毒草の数々、その2

エンレイソウ（ユリ科）、スイセン（ヒガンバナ科）、スズラン（ユリ科）、ツリフネソウ（ツリフネソウ科）、アセビ（ツツジ科）、トリカブト（キンポウゲ科）、バイケイソウ（ユリ科）、サワギキョウ（キキョウ科）、シャクナゲ（ツツジ科）、ミツマタ（ジンチョウゲ科）、レンゲツツジ（ツツジ科）、ニオイスミレ（スミレ科）、ハシリドコロ（ナス科）、フクジュソウ（キンポウゲ科）、ザゼンソウ（サトイモ科）、チョウセンアサガオ（ナス科）、ツクバネソウ（ユリ科）、マムシグサ（サトイモ科）、オダマキ（キンポウゲ科）、ミズバショウ（サトイモ科）などである。

山火事に気を付けよ

山火事のほとんどは人為的なことから発生する

「心ない登山者のせいでうちの山小屋まで燃えてなくなるところだったよ、大変なことをしてくれたもんだ、あんな奴《やつ》ら二度と来て欲しくない」

何年か前に奥秩父は笠取山《かさとりやま》の山麓《さんろく》にある笠取小屋を訪ねた時、主人の田辺静が怒気を含んでそういっていたものである。笠取山は多摩川の源流として知られている山で、頂上直下、源流の一滴が流れる岩場には水干神社という神社まであり、山そのものを大切にしているところである。

そんな山でいったい何が起きたというのか。話を聞くと、笠取山の山頂下で山火事が起き、おりしも吹いて来た強風に煽《あお》られ、一帯が燃え、さらに火が下にある山小屋の近くまで襲ってきたというのである。山火事は笠取山のまるでその名の通り笠《かさ》を置いたような形のためか、火の回りが早く見る見る間に広がって行った。幸い、小屋の手前で火が消えて最悪の事態は免れたものの、もし延焼していたらどうなっていただ

登山者の不注意によって、数年前に山火事が起きた笠取山。幸い少ない面積で火は消えたが、場合によってはこの山だけでなく、他にも広がっていた可能性がある

山火事で危うく山小屋まで燃やされそうになった笠取小屋の田辺静。何十年も山小屋生活を送ってきたが、山火事なんて初めてだ、山での火気の扱いは十分に注意して欲しいと怒る

ろうと驚きの表情を隠せない。

原因は登山者が山頂の下でコンロを使用していたが、何かの拍子で倒れ、それが山火事を招いたのだという。

「山で火を使うというのは物凄《ものすご》く慎重にしなければならない。それをいい加減に扱っているから山火事なんか起こすんだ」

田辺の怒りは収まらないようだ。そういう田辺は山小屋のストーブを第三者には絶対に触らせない。そればかりかストーブに薪《まき》を入れる時も慎重に行っていたものである。火は慎重に扱えば人の役に立つが、そうでない扱い方をすれば人命を奪うことにもなりかねないことをよく知っているのである。

笠取山の山火事で人命を失うことがなかったのはせめてもの幸いだが、山火事の原因は主にどのようなことがあるのか。林野庁によると、その主な原因は人為的なものが大部分をしめ、雷などで起きる自然発火はほとんどないそうだ。山火事の原因の4分の1は登山者などが行う焚《た》き火の不始末から起きている。次いで14パーセントにも及ぶのが煙草《たばこ》の投げ捨てなどによる火災である。それに続いて放火、火遊び、中には自衛隊の演習による山火事が起きることもあるが、いずれにしろ山火事の半分近くに登山者が関係しているのは間違いない。

ちなみに平成13年から平成17年の間に起きた山火事を平均すると、1年間に2500件発生し、約1500ヘクタールの面積を焼失している。これを1日平均に置き換えると、全国で毎日約7件の山火事が起き、約4ヘクタールの面積を焼失している。4ヘクタールは東京ドーム1個分の広さと同じである。毎日東京ドームと同じ広大な山が焼失しているのである。山火事はめったに起きない災害と思われがちだが、これで意外と頻繁に起きていることがわかる。

ではは山火事は季節的にはいつが一番多いのだろうか。季節的に見ると、一年中で多いのは冬から春にかけてである。冬に焚き火などをしてその火の不始末で山火事が起きるのである。足元の草も枯れ草になっているために燃えやすい。また、フェーン現象により、山が異常乾燥の状態となっているために山火事が起きやすくなるのである。しかし、何といっても多発するのは4月である。それまで真冬に山に入らなかった登山者が雪解けと共に一斉に山歩きを始める。山菜採りをするために様々な人が入る。そして、焚き火、煙草の投げ捨てをする。さらには麓《ふもと》の農家が土を肥やすために農地に火入れをする。その火が飛び火して山火事になることもある。いずれにしろ人為的な不注意が山火事を起こすのである。

山火事を防ぐためにはまず無駄な焚き火をしないことだ。もし、寒さをしのぐための焚き火の場合は、終了したらしっかり火を消すことが大切だ。煙草を吸ったら投げ捨てをしてはならない。ポケット灰皿を用意してそれに入れて消すようにする。最低のマナーであり、実行すれば山火事の大半はなくなるだろう。

マナーといえば、以前、ある山小屋の前にあるテーブルが燃えたことがあった。それは山小屋の主人が登山者の休憩用のために作ったテーブルだが、中高年の登山者がその上で焼肉をしたというのである。しかも、コンロを使うのではなく、テーブルに銀紙を敷き、その上に炭を燃やして焼肉をしたのである。木造のテーブルのため当然燃える。山小屋の主人は自分の家のテーブルではやらないくせに他人のところでは平気で無茶なことをすると怒っていたものである。こういった心ない人の行いも山火事の人為的な原因となるのだろう。気を付けたいものだ。

コラム⑥ 北八ヶ岳・しらびそ小屋

今井行雄（いまい・ゆきお）。1935年、長野県南牧村に生まれる。25歳の時から兄治夫が経営していたしらびそ小屋に二代目小屋番として入り、現在に至る。リスやカモシカなどが来る山小屋として知られている。

地図には登山道が載っていないが、しらびそ小屋から1時間ほども登ったところに稲子岳という山がある。この稜線《りょうせん》の砂礫《されき》地帯は夏になると、コマクサが咲く。それも数え切れないほどの群落である。このコマクサはしらびそ小屋主人の今井行雄が長年かけて保護、そして育てて来たものである。

そもそもは初代小屋番の兄治夫が山小屋を始めた頃に見つけたわずかなコマクサを稲子岳でロッククライミングをするクライマーの踏み付けから守るために石で囲んだことから始まる。しかし、その治夫はやがて不慮の死を迎える。突然、二代目の小屋主になった今井はどうしたらよいかわからなかったが、少しずつ山小屋に慣れて行く。そんなある日、治夫がコマクサを守っていたことを知り、治夫の遺志を継ぐためにも時間がある限り、稲子岳に登っては、コマクサの面倒を見てきた。それがいつしか増え、群落になったのだが、そうなるまでには40年余という長い月日が必要だったという。途方もなく長い時間である。しかし、群落にしたから終わったわけではなく、いまだに時間を見つけては稲子岳に登りコマクサの面倒を見ている。

Ⅶ

SOSからの脱出　そのⅠ

万が一のために応急手当を学べ

山の上に救急車は来ない。いざという時のために救命処置を身に付けておこう

山の中で誰かが突然、倒れて心肺停止状態になったらどうするだろう。ほとんどの人がなす術《すべ》もなく呆然《ぼうぜん》とするに違いない。そのために助かる人も助からないという結末になりがちだ。

八ヶ岳連峰のほぼ真ん中、夏沢峠の西方、標高２３３０ｍにあるオーレン小屋の小《こ》平忠敏《だいらただとし》は、三代目小屋番になって40年になる。今まで数え切れないほど遭難救助活動を行ってきたが、救命処置で助かる人がいて、その大切さを痛感してきた。そのため小平はこの数年、登山者にも救命処置を学んでもらおうと、山開きの時などに地元茅《ち》野《の》市の消防署の協力を得て、山小屋で講習会を繰り返し開催してきた。講習会のある日は山小屋に訓練用の人形をはじめ必要な機材が持ち込まれ、登山者に人工呼吸、心臓マッサージの方法などが教えられるのである。

では、山で倒れている人がいたとしよう。息をしていない。どうするか。次の順序

オーレン小屋ではこの数年来、茅野市の消防署の協力で救命講習会を開催してきた。消防士の指導の下、人工呼吸、心臓マッサージの方法などが教えられる

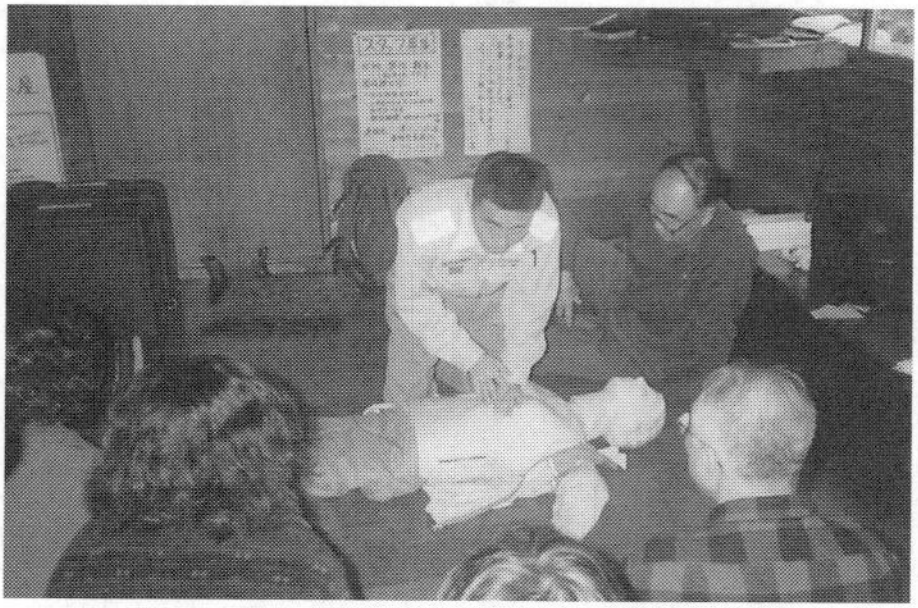

人形に心臓マッサージをする消防士。受講生は交代でひとりずつ実習をする。胸の真ん中に手を重ねて強く何度も押すということを繰り返す

で人工呼吸をする。

①意識の確認をする　声をかけたり、肩を軽く叩《たた》いたりして意識があるかどうか確認する。激しく揺らしたりしない。

②連絡をする　意識がない時は、携帯電話などで119番または近くの山小屋に連絡をして、指示を仰ぐ。

③気道の確保をする　気道が詰まっていると、呼吸が出来ないので、仰向《あおむ》けの状態で倒れている人の頭を後ろにそらす。具体的には片手で顎《あご》を持ち上げ、もう片方の手をおでこに当てて頭を後ろにそらす（197ページ上の写真参照）。

④呼吸の確認　呼吸しているかどうか確認する（197ページ下の写真参照）。呼吸していない場合は人工呼吸をする。

⑤人工呼吸　倒れている人の鼻をつまみ、口を覆《おお》うように自分の口を大きく開けてゆっくりと空気を送る。胸が軽く膨らむ程度に2回繰り返す。口と口の人工呼吸がためらわれる時はハンカチを間に挟むようにする。これで回復しない時は心臓マッサージをする。人工呼吸用に逆流しない一方向弁付感染防止用シート、一方向弁付人工呼吸用マスクがある。

⑥吐瀉物《としゃぶつ》を出す　嘔吐《おうと》をしている時は、吐瀉物を誤って気管に吸い込まないように

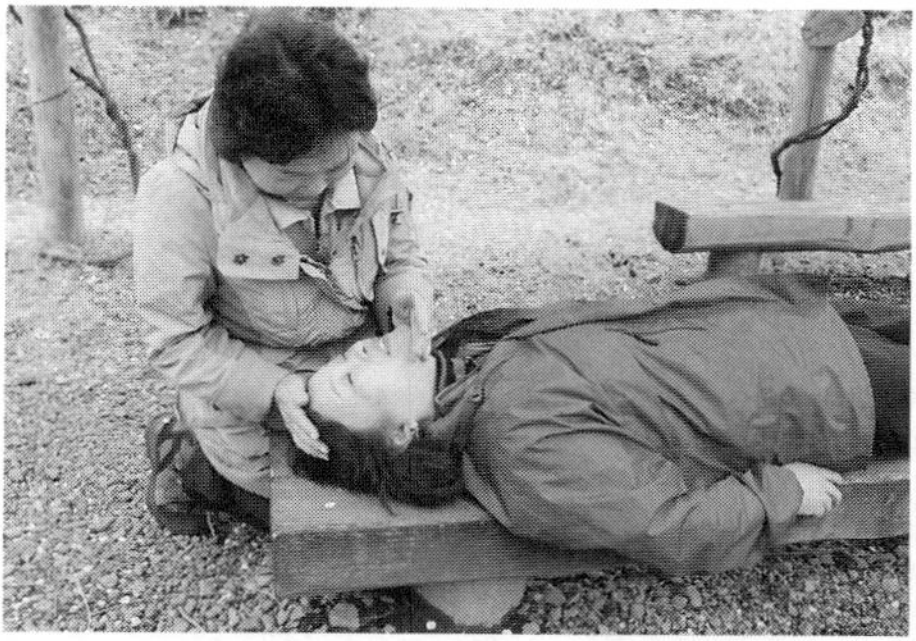

倒れた人の顎を片手で持ち上げ、もう片方の手でおでこに手を当てて頭を後ろにそらし気道の確保をする。嘔吐している場合は、顔を横にして口からかき出してやるということも忘れてはならない

上の処置をした後に倒れた人の鼻、口に耳を近づけ呼吸しているかどうか確認する。もし、呼吸していない時は人工呼吸をほどこす

横向きに寝かせてかき出す。

⑦**心臓マッサージをする** 胸の真ん中＝乳頭と乳頭の真ん中に片手の手掌基部をおき、片手をその上に重ねる。肘《ひじ》を垂直に伸ばし、体重をかけて、相手の胸が4～5センチ沈む位に押す。速さは1分間に100回ほどのテンポで30回繰り返す。これでも蘇生《そせい》しない時は、人工呼吸2回と心臓マッサージ30回を繰り返す。これを繰り返すうちに救助隊が駆けつけて、本格的な救助活動が行われることになる。救助隊が来るまでの人工呼吸、心臓マッサージがあるかないかがその人の生死に大きく関係してくるという。救命処置に興味がある人は地元の消防署や日本赤十字社に依頼して実際に体験してみよう。消防署、日本赤十字社も共に普通救命講習、上級救命講習を定期的に行っている。

止血方法なども覚えよう。もし、仲間が山から滑落、転落などして出血をしていたら、早急に出血を止めなければならない。その方法にはかすり傷程度用の①直接圧迫止血と、はなはだしい出血のための②間接圧迫止血がある。

①**直接圧迫止血** 傷口にきれいなガーゼ、ハンカチなどを当てて、指や掌《てのひら》などで強く5分ほど押さえる。血液にはなるべく触らないようにする。ビニール袋を手に被《かぶ》せたりするようにする（199ページ上左の写真参照）。

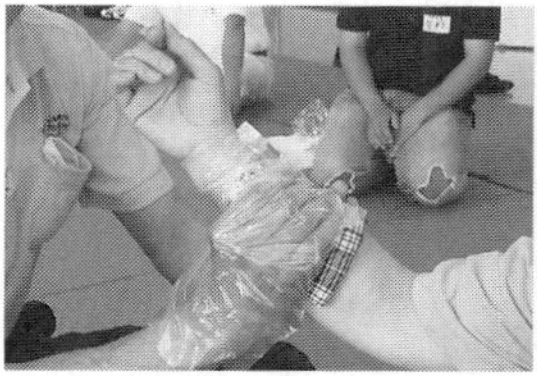

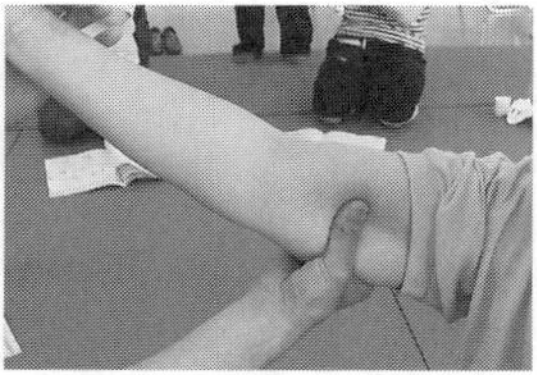

左はケガでも軽傷の時にする処置方法で傷口を心臓より上に上げ、清潔なガーゼなどで傷口を押さえ血を止める方法（直接圧迫止血）。右は太い血管などを切り、なかなか血が止まらない時に行う方法（間接圧迫止血）で、傷口より心臓に近い動脈を手や指で圧迫して血液の流れを止めて止血する

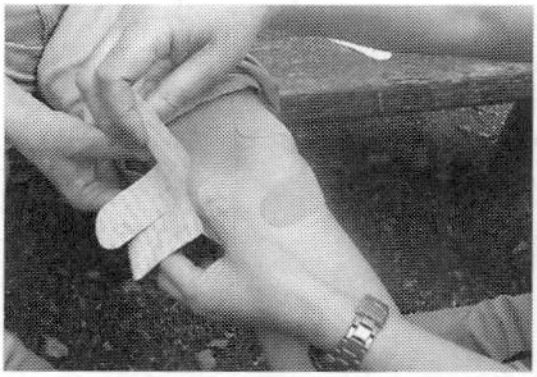

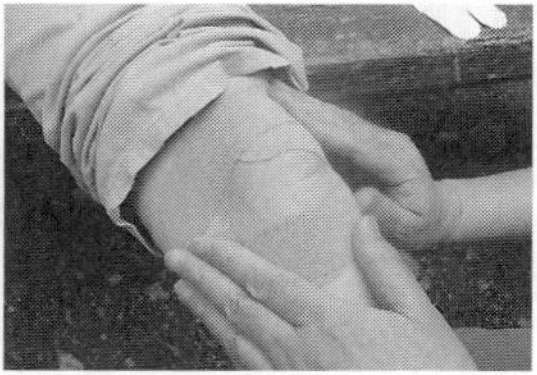

ねんざした時に絆創膏のように使い、痛みを軽減することが出来る商品。膝に不安がある人は、痛くなってからではなく、歩く前から装着するとよいだろう。しかし、頼ってばかりいると、筋肉が弱くなるので、時間を見つけて筋肉を鍛えることも忘れてはいけない

②間接圧迫止血　この方法は体を流れる動脈など太い血管が切れたり、直接圧迫止血で止血できない時にする。例えば、腕に傷を負い、血が止まらない時は、上腕の動脈を圧迫して血を止めるようにする。止血する時間があまり長いと細胞が壊死《えし》してしまうので、30分に1度は1分から2分緩めて血液を流すようにする（199ページ上右の写真参照）。

また、歩行中に膝痛やねんざが起きた時は市販されている治療具を使用するとよい。使い方も簡単で患部に絆創膏《ばんそうこう》を貼《は》るようにするだけでよく、多くの人に利用されている。膝に不安がある人は常にザックに入れておき、いざという時に取り出して使うか、歩く前から膝にテーピングとして貼り、サポートするとよいだろう（199ページ下の写真参照）。

脳梗塞《こうそく》、心筋梗塞で倒れた、どうしたらいいか

出来るだけ安静にして救助隊の到着を待つ

その状況

「中高年の登山者が歩き始めの1時間のうちによく起こすのが脳梗塞や心筋梗塞だ。ゆっくり歩かずに焦《あせ》って歩くからだ」といったのは、雲取山荘の新井信太郎だが（70ページ参照）、富士山の絵を描くことで知られた陣馬山の山頂にある清水茶屋の主人、故・清水辰江は山小屋の中で脳梗塞を起こした経験がある人だ。

清水によると、倒れる数日前から頭が割れるように痛かったそうだ。しかし、登山者のために仕事は休めなかった。自宅から和田峠まで車で入るが、和田峠からは山道を歩いた。何十年も通い続けた道である。それまで頭痛など感じたことがなかったが、時折立ち止まるほど頭痛がしたという。おかしいと思いながらも山道を歩き、茶屋に立ち登山者のために働いた。

その2、3日後はあるテレビ局が来て、清水を撮影する日だった。その日も頭が痛かった。次のシーン行きますから、椅子《いす》から立ち上がってくださいと、ディレクターにいわれるままに立ち上がろうとしたその途端、頭の奥で何かがはじけた感じがした。清水はそのまま床にくずおれるようにして倒れた。周りにいた人、みんなが大丈夫ですか、と覗《のぞ》き込んでいた。清水は転んだだけです、大丈夫ですといったが、言葉にはなっていなかった。第三者には清水の唇が震えているだけにしか見えなかったのだ。

しばらくして救急隊がやってきた。和田峠まで救急車は入ったが、そこから茶屋まで登山道だった。清水は担架に載せられ、その道を運ばれた。見慣れた風景が流れて行ったという。こうして清水は病院に運ばれた。脳梗塞は手遅れだと死亡したり、助かっても手足が麻痺《まひ》したり、言葉を話せなくなったりする怖い病気である。清水は手当が早かったため幸い一命は取りとめた。しかし、1ヶ月の入院と2ヶ月のリハビリが必要だった。

心筋梗塞は心臓病を代表する病気のひとつで、主に冠状動脈の動脈硬化が原因で血管が細くなったために血液が停滞したり、血管の一部がはがれて血管をふさいで血液が流れなくなる。その結果、心臓の一部が破壊され、壊死《えし》などを起こしている状態という。非常に苦しく手当が遅れると、これも死に至る病である。心臓病には他に狭心《きょうしん》

陣馬山は高尾山と共に日帰りの山歩きを楽しむ人が多い山である。山頂にはシンボルのコンクリート製の巨大白馬像がある

症《しょう》が知られている。胸が締め付けられるような痛みがあり、動けないほどに苦しい。動脈が硬化したために心臓の筋肉に酸素が回らなくなることから痛みが生じる。

その対策

脳梗塞や心筋梗塞で倒れている人を見つけたら、誰かが119番通報すると同時に意識、呼吸の有無を調べる。気道が詰まっていたら、気道確保をする。それから衣服を緩めて呼吸が出来るようにする。もし、呼吸をしていなかったら、すぐさま人工呼吸をする（194ページ参照）。

当事者が倒れていた場所が外や椅子の上など不安定な場合は、出来るだけ静かに安静になれる場所に移動する。運ぶ時は、頭と体は水平になるようにし、頭が動かないようにするのが大切だ。もし、顔が赤い時は頭の部分を少し高めにして寝かせるようにする。ちなみに清水辰江は茶屋の中で倒れたために動かさず、その場で毛布をかぶせ体を温めて救急隊が来るのを待っていた。脳梗塞で倒れた人はあまり動かさないほうがよいようだ。救急隊が清水辰江を担架に載せて山道を下りて行く時も極力静かに運んだ。

心筋梗塞が起きた時も当事者を動かさないほうがよく、まして自分で動くというのはするべきではないそうだ。誰かが手を貸して、布団《ふとん》によりかからせたり、楽な体勢をとってやるようにする。もし、相手が倒れたまま呼吸をしていなかったら、早急に気道を確保して人工呼吸をする。それでも心臓が動かなかった場合は心臓マッサージを繰り返し、救急隊が来るのを待つようにする。

狭心症は、心筋梗塞より若干症状が軽い。とはいっても苦しいことには変わりないのだが、まだ自分で行動出来る。山を歩いている時は安全な場所に立ち止まり、ザックを下ろして楽にしてから岩に座ったり、しゃがんだりする。5分から10分ほどで痛みは引いていくのが普通だ。痛みが収まったら、山歩きを中止して病院に行き、診察を受ける。もし、山の奥深くに入っている時は近くの山小屋に泊まり休養するようにする。

熱中症になってしまった
涼しい場所で休み、衣服を緩め、スポーツドリンクなどの水分を摂《と》る

その状況

暑い日、山を歩いているうちに眩暈《めまい》がしたり、具合が悪くなったりして倒れる人を見かけることがよくある。昔なら日射病にやられたといったものだが、最近では「熱中症にかかった」という人が多くなった。日射病と熱中症の違いは何だろうか。日本赤十字社、日本体育協会などの資料によると、熱中症とは高温多湿が影響して起きる症状の総称といい、その中に次の項目がある。

「熱失神」発汗による脱水と末端血管の拡張によって、血液の循環量が減少して起きる。

「熱疲労」多量の発汗に水分、塩分補給が間に合わず、脱水症状になった時に発生する。

直射日光から首を守るために発売されている垂れ付き帽子。まるで昔の兵隊が被っていたような帽子に見えるが、熱射病になる可能性はだいぶ減少するという

垂れ付き帽子を購入しなくても手拭いなどを後ろから垂らすだけで効果はある。ただし、白くて風通しのよい布に限る。黒い布は暑いだけでなく、ハチがよってくるといわれている

「熱痙攣《けいれん》」大量の発汗後に水分だけを補給して塩分やミネラルが不足した場合に発生する。

「熱射病」視床下部の温熱中枢《ちゅうすう》に障害が起きた時に体温調節機能が失われることにより発生する。

この中で登山中に起きやすいのは「熱疲労」と「熱射病」である。熱疲労は皮膚が冷たく汗をかいているのが特徴だ。

熱射病は体温が上昇し、中枢機能に異常をきたし、反応が鈍くなったり言動がおかしくなったりして死亡率が高い病気である。これは何も山だけでなく、冬に屋内の暖房のきいた部屋などで厚着をした時になることもある。高い体温に体が対処しきれなくなってしまうのである。症状は、顔が青白く大量の汗が出ていて皮膚は冷たくじっとりとしている。

この熱射病の中で太陽の光が原因で体温が上昇し、脱水症状が起きることを日射病というそうだ。日射病だと顔が赤くなり息遣いが荒く肌は乾き汗が出ていない。

名称、症状はいろいろあるが、いずれも一歩間違うと死に至る可能性が高いので早めの処置が必要だ。

その対策

熱疲労で倒れている人がいたら、涼しい場所で横にし、衣服を緩めた後にスポーツドリンクなど水分を与える。熱射病の場合は涼しい場所に連れて行き、頭を低くし、足を高くして寝かせる。体温が低くなっている時は毛布などで温める。水もよいがスポーツドリンクや薄い食塩水を15分おきくらいに飲ませる。

日射病の時は風通しのよい場所に連れて行き、頭を高くして寝かせ、濡《ぬ》れたタオルで首や脇《わき》の下を冷やしたり、うちわで煽《あお》いで体温を低くしてやる。また、口に水をふくんで吹きかけてやると、気化熱で体が冷える。スポーツドリンクなどを少しずつ飲ませる。熱いものは飲ませない。また、一気に冷たいものを飲ませると、胃痙攣を起こすので少しずつにする。

それ以上に大切なのは、予防である。まず日頃から丈夫な体を作っておくことが大切だ。熱中症にかかりやすい人は、体力が続かない人、万年寝不足な人、肥満の人が挙げられている。さらには65歳以上の高齢者、下痢などで脱水傾向にある人である。まずこういったことをクリアしないとならない。

そして、実際に山歩きを始めたらスポーツドリンクなどで水分をよく摂ることである。山を歩くと大量の汗をかく。それを補ってやらなければならない。かつては運動中に水を飲んではならないといわれていたが、大きな間違いである。エンジンにエンジンオイルが入っていないようなもので焼きついてしまう。また、空腹になる前にチョコレートなどカロリーの高い食品を食べてエネルギーを補給する。ダイエットだといって食べないと体が弱り、抵抗力を失ってしまう。

衣服による体温の調節も大切だ。歩いているうちに暑くなったら我慢せずに脱ぎ、寒くなったら着るという具合にこまめに調節する。調節しないで我慢するから体温が上がって行くのである。山を歩き始めた時は寒いくらいでよいのである。

直射日光によって体温が上がらないように上着は長袖《ながそで》、長ズボンは鉄則である。もちろん帽子を被《かぶ》る。中でも後ろ首に太陽が当たらないように手拭《てぬぐ》いを巻いたり、布のついた帽子を着用したりする。首が熱くなると、温められた血液が脳に向かい熱中症になりやすいからだ。

歩き方は、ひたすら歩くのではなく、30分歩いたら10分休むという具合に休憩を取りながら歩くことが必要である。休む時もなるべく直射日光にあたらず木陰に入って休み、熱くなった体を冷ますことを意識的にするようにする。

足がつってしまった、どうしよう

温めるなどして痛みが過ぎ去るのを待つが、日頃からバランスよい食事を摂《と》る

その状況

山を歩いている時に突如として筋肉に痛みが走り、動けなくなることがある。こむら返りと呼ばれる足の痙攣《けいれん》である。痛みに耐えていると、反対側の筋肉にも痛みが発生して、いったいどうなってしまうのかと不安のどん底に落とされる。痙攣が治っても体力の消耗が激しく、疲労を感じる。歩き始めてもまたなるのではないかと不安になるから始末が悪い。

ではどのような時に足がつるのか。足がつった経験者に聞くと、山をだいぶ歩いて疲れたな、と思った頃になったというのが一番多かったが、中には、登山道の登りで道を空けられたので早く行こうとして足に力を入れた途端になったという人や、下りる時に足場が悪くて、いつも使わない筋肉を使った途端になったという人がいた。これら以外には休んでいた時に足がつったという人もいて、ところ構わずに起きるということがわかる。痙攣経験者の中には初心者もいたが、登山歴30年の人、さらには丹沢の鍋割山荘主人でボッカに慣れている草野延孝もいた。菅栄一医師も「こむら返りは登山の経験、年齢に関係なくその日の体調、気候など様々な条件が重なり起きるやっかいな症状です。なってしまったら筋肉を温めるなどして柔らかくしてやりますが、日頃からこむら返りにならないように対応するのが大切です」とアドバイスする。

その対策

こむら返りになる原因は、塩分不足、冷え、筋肉疲労が大きな要素という。

塩分不足　汗と共に体内からナトリウム、カリウムなどの電解質やビタミンB_1が排出され、バランスが崩れるために起きる。山を歩きながらナトリウムなどが入ったスポーツドリンクを飲むようにする。ただし、あまり飲み過ぎると、血糖値が上がるので水で倍に薄めて飲むようにするとよい。日頃から生野菜などをよく食べ偏食しないようにするのも大切だ。

冷え　薄着から来る冷えの影響である。ズボン下にタイツなどを履くと温かくなり解消される。

筋肉疲労　文字通り歩きすぎから来る疲労が原因だ。そうならないためには自分の体力をよく知ることが先決で中高年は3時間以内の歩行にするようにする。歩行中は急にスピードを上げたり、飛び跳ねたり、筋肉に負担をかけないようにして一定のスピードで歩く。また、歩き始めは十分に準備体操をして筋肉をほぐし、終わった後も整理体操を心掛ける。

こむら返りは突然なるようだが、実をいうと、なる前にピクピクと筋肉から信号が送られてくるというのは、菅栄一医師。こむら返りの初期段階だ。これを無視して、まだ大丈夫と歩き続けると、筋肉が耐え切れずに痙攣を起こしてしまう。信号を感じたら、立ち止まってスピードを緩めたり、日当たりのよいところなどで大休止し、筋肉を休めるようにする。

転んで、ねんざ、脱臼《だっきゅう》、骨折してしまった
気の緩みが怪我《けが》を呼ぶ。家を出てから家に戻るまで気を緩めるな

その状況

山小屋の主人たちに骨折やねんざの発生状況を尋ねると、ほとんどの主人が年に何回か負傷者が山小屋に飛び込んできたり、救助を頼む連絡が入り現場に行くことがあるという。そして、応急処置をし、警察にヘリコプターの要請をして医者の元へ送り出す。それで一件落着する訳だが、問題は、発生する原因である。主人たちの話で興味深かったのは、ほとんどの遭難場所が厳しい山頂付近などではなく、むしろ安全な場所で起きるというのだ。たとえば、かつて町営雲取奥多摩小屋で小屋番をしていた岡部徹によると、「不思議と同じ所でやる。それも頂上ではなく、下りてきた何でもないところ。いったいどうしてこんなところで転ぶんだと疑問に思うようなところに集中している」と話し、その原因を「山頂から下りて来て、気が抜ける場所なんだろ

登山道に張り出している木の根。この根に乗ると、意外と滑り、転倒の原因になる。登山靴は根と根の間の部分に置くようにすると滑らない

雪や雨が降るなどして登山道が滑りやすい状態になっているところでは、滑ることを想定して、転んでも対応出来るように手には何も持たないようにする

うな。緊張していると、敏感に対応出来るが、油断しているために、石ころにつまずいたり、よそ見したりして簡単に転んで怪我をするようだ」と分析する。ちょっとした気の緩みから骨折、ねんざなど大きな怪我になってしまうのである。そのため岡部は遭難者に再度怪我をさせないために「山を歩くだけが山じゃない。家を出た時から家に戻るまでが山歩きなんだ」と忠告するそうだ。よく山から帰って安心したのか、自分の下りる駅の階段や自分の家の階段などで怪我をする人がいると聞くが、これらも気の緩みの典型といえよう。

また、ある山小屋の主人によると、気の緩み以外にストックの使い方に慣れていないのに急坂などで使い、突き場所が悪く、転倒して咄嗟《とっさ》に手で押さえたために怪我をした登山者も増えているという。急坂など不安定な場所ではストックを仕舞い、自分の手足で下りるようにした方が安全だと話していたものである。これら以外に骨折に至る転倒を引き起こす原因には、浮石や石車に乗って転倒したり、木の根の上に乗って滑ってバランスを崩すなどがある。

その対策

転倒し、打撲すると、その衝撃の強さによってただの打撲からねんざ、骨折など

腕を骨折した時は、近くに落ちている長めの木の枝、あるいは傘などを利用して、腕が動かないように固定する。ザックの中にいつも手拭いなどを入れておくと、いざという時に役に立つ

すねを骨折していたら、その部分だけを固定するのではなく、膝とくるぶしの関節が動かないように、なるべく大きく長い副木を添えて固定する。伸縮自在のストックを使う方法もよい

様々な症状が起きる。次の症状を参考にして手当をしよう。

ねんざ　関節を形成する骨を連結している靭帯《じんたい》が損傷している状態。完全に切れると、脱臼する。的確な処置治療をしないと関節の不安定を残し、ねんざが癖になる。骨折を含めて受傷時の最初の処置は腫《は》れて来る前に圧迫、固定、冷却が必要。圧迫、固定、止血にも応用出来る弾性包帯を準備しておくと、役に立つ。

骨折　激しい痛みがあり、患部が見る見るうちに腫れてくる。皮膚の色が変わり、患部が変形してくる。患部を水で冷やし、包帯や三角巾《さんかくきん》で固定し、安静にする。骨折している場合は患部に副木《そえぎ》を当てて動かないようにする。もし、すねを骨折していたら、その前後にある膝《ひざ》とくるぶしの関節を含めて動かないようにカバー出来るような幅が広くて長い物を使用する。副木と皮膚の間にはタオルなどの柔らかい物を入れて痛みを除く。また、きつく縛ると、血行不良を起こすので約30分ごとに緩めるようにする。患部はザックなどの上にのせて高くすると楽になる。

脱臼　衝撃で関節が外れて戻らなくなった状態をいい、顎《あご》、肩、肘《ひじ》、指などの関節部位で起きる。早く治さないと入りにくくなるので早めに医者に見せる必要がある。自分で治そうとすると変にはまってしまい逆効果になるので、患部を包帯や三角巾でしっかりと固定して病院へ行く。

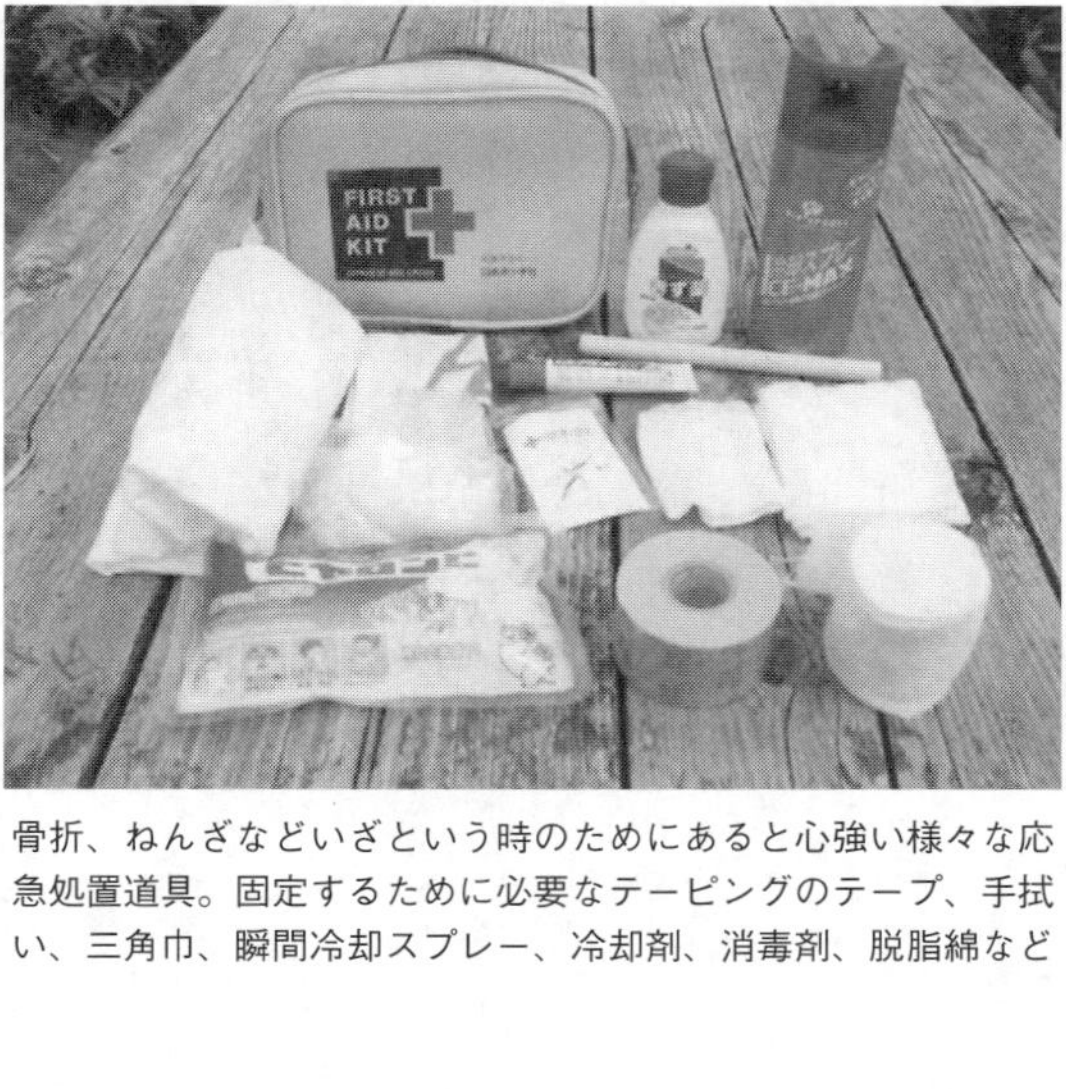

骨折、ねんざなどいざという時のためにあると心強い様々な応急処置道具。固定するために必要なテーピングのテープ、手拭い、三角巾、瞬間冷却スプレー、冷却剤、消毒剤、脱脂綿など

このように応急処置をしておくが、中には冷やしたり、テーピングなど応急処置をし、痛みがあまりなく、単なる打撲だと思って放っておいたら、あとで痛みが出てきて、病院で調べると、骨折していたという事例もある。そうならないためにも打撲したと思ったら、単なる打撲だと思わずに念のために医師の診察を受けるようにする。内部で大変なことになっているかも知れないからだ。

前述した浮石、石車に乗らないためには動きそうだなと見える石は、足で探ってから体重をかける。浮石以外には、登山道に張り出した木の根に乗らない。根の上に乗るとレールの上を滑るようになる。また、雨上がりの粘土質の道は滑りやすいので気を付けることだ。そういった道では靴底をべったり付けて小股《こまた》で一歩ずつ慎重に歩く。歩きながら常に3メートル程、先を見て危険予知をしながら歩く。歩く時はポケットに手を入れたり、何か持って歩かないことも大切。転んだ時に咄嗟の行動が出来ずに顔から転んだりして怪我をするからだ。

突き指、鼻血、やけど、かすり傷など
突き指は引っ張ると治るは嘘《うそ》、昔の常識は今の非常識

その状況

山小屋の主人、小屋番は登山者の世話で毎日が忙しいが、中高年登山者が増えることによって顕著になったのが、突き指をはじめ、鼻血、やけど、切り傷などの治療をして欲しいといってくることだ。聞くと、休憩して立ち上がった時、手の付き場所が悪く突き指をした、鼻をぶつけて鼻血が出た、コンロにかけていたコッヘルを蹴飛《けと》ばしてやけどをした、よそ見をしていたら、枝で顔に切り傷を作ったという内容である。いずれも自分で気を付けて、起こさないことであるが、それ以上にわざわざ山小屋に来なくても自分で治せる小さな怪我《けが》ばかりである。しかし、自分で治すようにともいえず、治療したりする雑用が増えたという。山小屋に来た人たちは、依存心が強いのではと首をかしげるばかりだ。やはり、小さな傷は他人に頼らず自分で処置するべき

だろう。しかし、間違った対応をすると、よい結果を生まないので十分注意が必要だ。下山したら病院で診察してもらうようにする。

その対策

突き指 かつては突き指をすると、指を引っ張れば治るといわれ、ひたすら引っ張っていた人がいたものだ。それで治ればいいが、もし、骨にひびが入っていると、ひびを大きくしないとも限らない。指を引っ張るのはやめる。突き指をしたら痛いところを水で冷やすと楽になる。また、動かないよう固定して心臓より上に上げておくと痛みが軽減される。

鼻血 何故《なぜ》か昔は鼻血が出ると、うなじを叩《たた》く人がいたが、脳に振動を与えるだけでよくない。やってはならない行為だそうだ。鼻をしっかりつまみ、顎《あご》を引いて口で呼吸をしながら安静にする。顔全体を濡《ぬ》れタオルなどで冷やすことも大切だ。鼻の穴にティッシュペーパーや脱脂綿を詰めるのは化膿《かのう》の原因になるなど好ましくないから止《や》める。

やけど 昔、やけどをすると、味噌《みそ》をのせたり、じゃがいものすったものをのせたりしたが、雑菌が増えるだけでよくない。何より大切なのは患部に痛くない程度の水流で水をかけて長時間冷やすことだ。大量の水が得られない山では清潔な布などに水をつけ患部を冷やすようにする。冷やした後は滅菌ガーゼなど清潔なもので患部をカバーする。痛みを覚えたら再び冷やすということを繰り返す。

かすり傷　岩などに擦《こす》った時に起きる傷である。傷口に土などの汚れが付いているので水で洗い流し、包帯をする。ティッシュペーパーや綿は傷口に繊維が残るので使用しない。山では思わぬ怪我をすることがある。登山道では草刈りが行われるが、時々、笹《ささ》の切り口が尖《とが》っている時があり、転んだ拍子に手を突き刺してしまうことがある。傷口は小さいが中で雑菌に感染する可能性が高い。清潔なガーゼを当てて強く包帯をして医師の治療を受けるようにする。

アキレス腱《けん》を切ってしまった
よく準備体操をしないでいきなり歩き始めた人に多い

その状況

ある山の登山口で、とある山岳会の10人ほどの会員が準備体操をしていた。しかし、古参の男性が前日の深酒がたたって元気がなかった。出来るなら山に登らずに帰りたかったが、せっかく来たので行くことにした。そしてみんなが歩き始めたので男性はやおら立ち上がり、足を一歩踏み出そうとした。その途端、男性は足首に激痛と共にバンという断裂音を聞いて、その場に倒れた。まるで足首のところで爆弾でも破裂したような感じだった。異変に気付いたリーダーがすぐさまかけつけた。足が痛いと訴える男性の靴、そして、靴下を脱がせた。かかとの上の部分がへこみ、内出血していた。リーダーはそれを見て、アキレス腱が切れていることがわかり、すぐに救急車を依頼した。アキレス腱は、人体の中で一番太い腱だが、逆に加齢と共に弱くなる腱で、中年以降はちょっと足を踏み外しただけで切れるやっかいな腱でもある。

その対策

リーダーは男性がアキレス腱を切ったことがわかると、立ち上がろうとする男性を制した。そしてみんなに昼食時に敷く敷物を出させた。何枚か重ねた敷物の上に男性をうつぶせに寝かせた。そして足の甲を出来るだけ敷物に付けるようにして足先を伸ばした。それから副木《そえぎ》を使ってすねから足先までを固定し、その上から足が冷えないように雨具などを被《かぶ》せた。

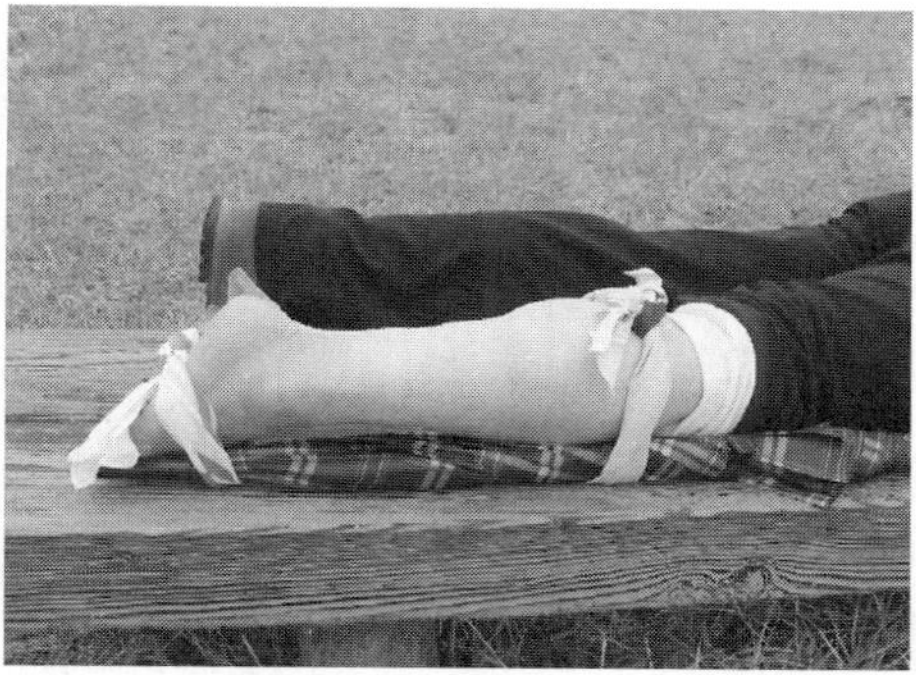

アキレス腱を断裂した人がいたら、うつぶせにして足の甲をなるべくまっすぐにする。それから板や傘などを使って副木にし、手拭いなどで固定して救急車の到着を待つ

こうしているうちに救急車が来て、男性は会員の一人に付き添われ、病院に向かった。普通に歩けるようになるまで約1年かかった。きちんと準備体操をしなかったばかりに大ケガをしただけでなく、

せっかくの山行を台無しにしたのである。日頃の不摂生が災いしたのである。その男性はそれ以来、山を歩くのが怖くて山の会に参加していない。

こうならないためには、日頃から体を柔らかくしておき、急激な動きをしないことが大切である。

コラム⑦

大菩薩嶺・介山荘

益田真路（ますだ・まみち）。１９６８年、山梨県甲州市に生まれる。大学を卒業して三代目として介山荘に入り、父・繁（二代目）と共に山小屋を守っている。初代は小説『大菩薩峠』の中里介山と親交があり、介山荘の前身である勝縁荘を造った祖父の益田勝俊。

介山荘から上日川峠方面に30分も下ったところに勝縁荘という古い建物がある。今となっては使われず、時代に取り残されたようになっているが、介山荘の前身で益田の祖父、勝俊が建てた。後年、高校を出たばかりの益田の父、繁が二代目として小屋番になったが、ある日、『日本百名山』で知られる深田久弥が大菩薩の取材のために編集者と共に泊まった。繁は深田が誰か知らなかったが、冷たい水で炊事をして手を赤くしている益田を見て大変だねと労《いた》わってくれたのを今でも覚えている。その勝縁荘の奥に三界庵という小さな建物がある。昭和9年に建てられた小屋でここに数回、小説『大菩薩峠』で知られる中里介山が来て原稿を執筆したという。

昭和31年、繁が大菩薩峠に売店兼茶店の与八茶屋を造った。その8年後の昭和39年に与八茶屋を改築して介山荘を造り宿泊も出来るようにした。現在は真路が三代目として繁の協力を得ながら登山者の面倒を見ている。数年前に小屋を改築し、大部屋を個室使用に出来るようにもした。これは真路の提案だった。昔と違い、大部屋に雑魚寝《ざこね》は時代遅れ、家族連れのためにも個室がよいと考えたためだった。伝統ある山小屋に三代目としての改革が少しずつ取り入れられている。

Ⅷ

SOSからの脱出　そのⅡ

スズメバチや毒のある虫に刺された、どうしたらいいか

肌の露出を避け、ハチが近づいたら静かに逃げる

毎年夏から秋にかけて、スズメバチに刺されて重症になったり、中には死亡したという事故が全国各地で起きている。この時期はスズメバチが一年中で一番活発な時である。最近では山の中だけでなく、住宅地の中でも事故が起き、駆除する人が多忙を極めている。スズメバチが住宅街に巣を作るようになったのは、山の裾野《すその》などで宅地開発のためなどで森林が伐採され、棲《す》むところを失い、樹木のある住宅地に移動したためといわれている。

人間が巣に近づくと、スズメバチは人間の回りを飛び回って警戒態勢に入る。さらに近付くと、アゴをカチカチいわせて威嚇《いかく》する。この威嚇を無視してさらに近づくと、今度は一斉に飛び出してきて、容赦なく刺す。中でも黒い色に反応するらしく髪の毛や黒い服を攻撃してくる。また、風にひらひらするものやセーターなどの純毛製品、さらには香水、ヘアスプレーなども刺激するというから控えたいものだ。被害を少な

小型スズメバチの死骸（左）とその巣。本来、ハチは人間を襲わない昆虫といわれているが、巣に近づくと攻撃を受ける。特に女王蜂を育てる秋から晩秋にかけては神経質になり、攻撃性が増すという（提供、菅栄一）

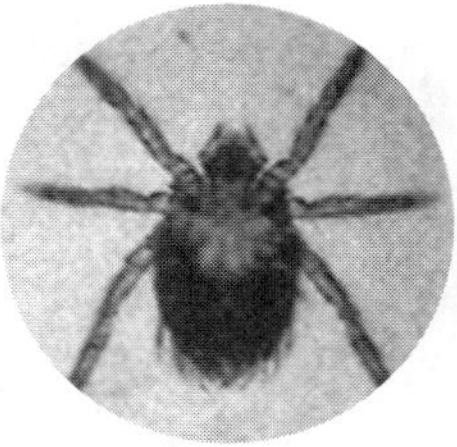
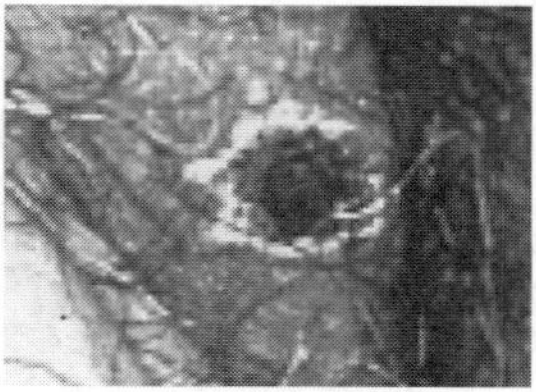

ツツガムシ病の原因となるツツガムシの顕微鏡写真（左）と、ツツガムシに刺された跡（右）。ツツガムシに刺されると、患部は初め赤く腫れるが、じきに水疱、そして潰瘍化し、それから写真のようにかさぶたになる（提供、岩手医科大学皮膚科学講座）

くするためには夏でも長ズボン、長袖《ながそで》のシャツを着る。また、汗が残らず乾きの早い化学繊維で出来た白系の服がよい。

もし、スズメバチに遭遇したら、頭を隠して低姿勢でゆっくりその場を離れる。大きな声を出したり、走って逃げ出すと追いかけられる。また、手やタオルで払うこともやめる。その場にしゃがんで手や手拭いで首を押さえながら飛び去るのを待つ方がスズメバチを刺激しない。

もし、刺されたら患部を清潔な流水でよく洗い流すようにする。痛む時は冷湿布などで冷やすと楽になる。患部を冷やしたまま病院に行き、医師の治療を受ける。昔は毒と中和するのだといっておしっこをかけるとよいといわれたが、この方法は不潔なだけでなく、効果は少しもないという。昔の常識は今の非常識といわれるが、その典型である。いざという時のために虫刺され用の薬である抗ヒスタミン軟膏《なんこう》をザックに入れておく。ある山小屋の主人はハチに刺されると、水で流した後、ウワバミソウの茎を叩《たた》いてその汁を塗ったり、スベリヒユの葉をもんで汁を塗ったそうだ。

スズメバチ以外によく山で刺される生物には蚊やブヨがいる。これらは刺されても命には別状ないが、不快なことには変わりない。山に入る前に虫除《むしよ》けスプレーをかけたり、刺されたらすぐにかゆみ止めを塗り、乾いたら塗るということを繰り返すと回復が早い。

あまり名前が知られていないが、手遅れは命取りになる病気もある。それはツツガムシ病と呼ばれる病気である。かつては手紙の冒頭に「つつがなく（ツツガムシに刺されることもなく無事に）お暮らしのことと思います」という具合に日々心配された病気だったが、現代ではあまり話題にならない。今の若い人には聞いたこともない虫ではないだろうか。しかし、菅栄一医師によれば、「今でもツツガムシ病はあり、手当が遅れると命取りになります。2、3年に1、2人の死亡例はあり、楽観出来ない」と警告する。この虫の正体はケダニの幼虫。全部が全部保有している訳ではないが、リケッチアを保有している幼虫が病気を発症させる。北海道と沖縄を除く全国にいる。どちらかというと、高い山より比較的低い草原などにいて四季を通して発症している。刺されると、刺し傷を中心に蚊に刺されたように赤くなり、10日ほどの潜伏期間の後に40度近い熱が出て、頭痛、筋肉痛などの症状になる。それからほぼ全身に淡紅色の斑点《はんてん》が出来る。治療が早ければ治るが、遅れると手遅れになる可能性がある。菅栄一医師は、「登山口や途中の草むらなどで休む時は素肌を露出しないことが大切。自宅に戻ってからは、1、2週間は体調を観察して欲しい」と注意を呼びかけている。

ツツガムシ病と同じぐらい知名度は低いが、問題になっている病気にライム病がある。ツツガムシ病のように死に至ることはないそうだが、頭痛、発熱を起こしたり、ひいては心臓障害、関節炎を起こしたりする。これは病原体をもったマダニに刺されると起こる病気だが、刺されて感染してもペニシリン系統の抗生物質で治るという。この病気は世界中で発症しているもので、日本では1989年に北海道で発見され、現在は九州まで全国いたるところで発生している。

刺されないためには山で藪《やぶ》こぎなどをする時は肌をなるべく露出しないようにする。帽子をかぶり、首に手拭いを巻いてマダニが侵入して来ないようにすることが大切だ。とりわけ獣道を掻《か》き分けて歩く時などは用心したい。防虫スプレーが効果があるので携行したい。また、帰宅後にマダニに刺されていないかどうか入念にチェックする。もし、刺されていたら自分で取らずに病院の皮膚科で切除してもらう。自分で取ると、マダニの一部が皮膚の中に残り、炎症の原因になるからだ。

遭難した、何か食べるものはないか？
ヤマグリ、ササの若芽などを食べると元気が出る

北八ヶ岳にある白駒荘の主人、辰野廣吉《たつのひろきち》は若い頃に道に迷って空腹で倒れそうになったことがある。ふと見上げると、秋の味覚のヤマグリがあった。生だが食べると、実に甘く、見る見るうちに元気が出て再び山小屋に戻ることが出来たという。それ以来、山の実を調べるとブナの実も元気になることがわかり、登山者にすすめるようになった。ただし、食べ過ぎると下痢をするので要注意だ。これら以外にはササの若芽がある。ササから出ている若芽をゆっくり抜くと先端に1センチほど白い部分がある。食べると少し青臭いが元気が出るといわれている。

夏から秋にかけてはクワ、野イチゴ、ヤマボウシ、エビヅル、マタタビなどの実がある。食べると甘く元気が出るので、覚えておいていざとなったら食べてみよう。

春は山菜も非常食になる。タラノメなどは茹《ゆ》でて食べるとうまいが、ウルシと間違えると大変なことになる。タラノキとヤマウルシは不思議と隣り合って出るものだが、

ササ（左）の若芽を抜くとその先に柔らかい部分がある。それを食べると少し青臭いが、元気が出るといわれている。山の中では野イチゴ（右）がよく見つかる。食べると甘く美味しく元気が出る

ヤマグリは手ではむけないので片方の靴で押さえ、もう片方の靴でむしると意外と簡単に実を取り出せる。1、2個食べると元気が出るが、食べすぎると下痢をするので注意が必要

タラノキは茎にトゲがあるのが目印。タラノメ以外にはヨモギ、ワラビ、セリなど食べられる山菜があるが、隣接してクサノオウ、トリカブト、ドクゼリなどの毒草が咲くので間違えないようにしたい。出来れば植物図鑑を常にザックに入れて確認しながら採取するようにしよう。

毒ヘビに咬《か》まれた、どうしたらいいか
刺激しないでゆっくり後退して逃げる

山を歩いていると、ヘビに出くわすことはよくある。大抵が登山者の足音に驚いてスルスルと藪《やぶ》の中に逃げて行く後姿だが、時には、道の真ん中で鎌首《かまくび》を上げてこちらの動きに合わせて首をゆっくり動かすヘビもいる。その時の気持ちの悪さはないし、いつ飛びかかってくるかわからず、思わず足がすくんでしまう。とはいってもヘビの全部が全部毒を持っているわけではないので恐れるにはたりない。無闇《むやみ》に人間から手を出さなければ、ヘビから襲ってくることはないようだ。しかし、用心するにこしたことはない。日本にいる毒蛇はジャパンスネークセンター（群馬県太田市）によると、次の3種類である。

ヤマカガシ　本州以南に棲息《せいそく》。赤と黒の斑紋《はんもん》が交互に並び、首の部分が黄色い。かつては毒がないといわれていたが、奥歯と首の部分から吹き出す毒があることがわかった。全長は1m以下である。

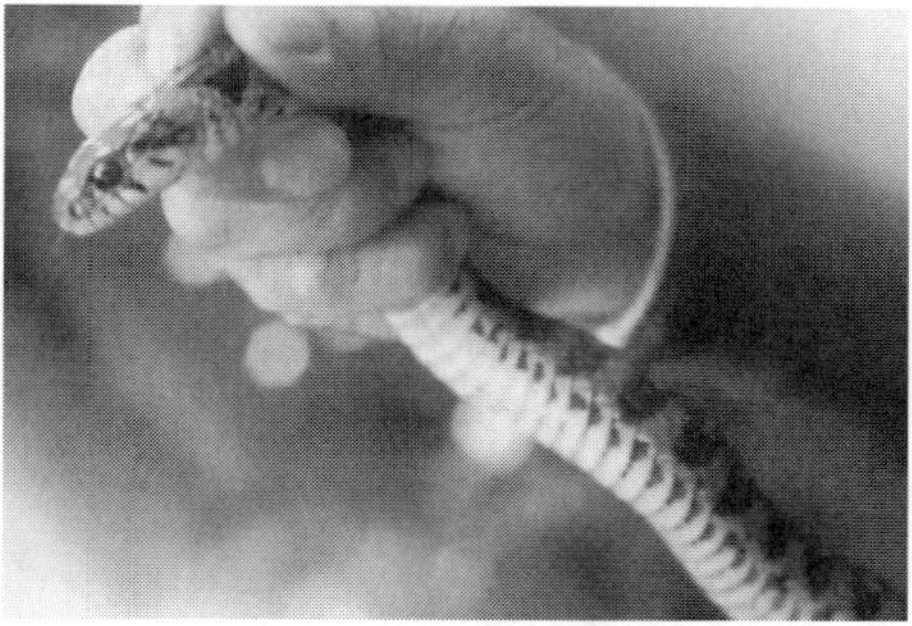

ヤマカガシ。赤と黒の斑紋が交互に並び、首の部分が黄色い。かつては毒がないといわれていたが、奥歯と首の部分から吹き出す毒があることがわかった。全長は1m以下である

マムシ。褐色ないし赤褐色で、太くて短い。丸い大きな斑紋が交互に並んでいる。全長は大きくても60cmほど（ヤマカガシの写真と共に提供、関本快哉）

マムシ　日本全土に棲息。褐色ないし赤褐色で、太くて短い。丸い大きな斑紋が交互に並んでいる。全長は大きくても60㎝ほど。

ハブ　沖縄諸島および奄美《あまみ》諸島に棲息。首が細く黄褐色で黒い斑紋が交互に並んでいる。全長は1～2ｍ。

これらのヘビは、沢、沼、そして水溜《みずたま》りなどの湿ったところや湿った岩穴、木の穴などに棲《す》んでいる。そういったところを歩く時は音を立てて歩くとよい。ヘビは臆《おく》病《びょう》なので逃げるからだ。また、肌を露出しない服装が好ましい。ヘビは色か温度かは定かではないが、肌を露出していると、肌を餌《えさ》だと思いめがけて咬み付くという。咬まれても少しでも被害を少なくするために長袖《ながそで》、長ズボンの着用は必要だ。

運悪く出くわしたらどうしたらいいか。一般的には、刺激しないようにゆっくり後退するか、もし近い場所にいる場合は、先が二つになった木の枝などで首を押さえるとヘビは動けなくなるといわれている。いたずらに刺激をすると、攻撃してくる。

カメラマンで山岳ガイドの仁井田《にいだ》研一はよくヘビを見かけるという。仁井田の対応策はどのようなものだろうか。ヘビは音を立てると逃げるのだろうか。仁井田はこう語る。

「確かに音を立てると逃げるマムシもいた。しかし、中には頑強に逃げも隠れもしないマムシもいた。ヘビにも臆病な奴《やつ》とそうでない奴がいるようだ。性格があるのかも知れない。そこで実験してみた。逃げないマムシの頭上に帽子で影を作ってやった。するとと逃げた。きっと天敵の鳥が来たとでも思ったのかも知れない。鳥には勝てないからね」

それもひとつの方法かも知れないが、一般登山者はやはり逃げるのが一番よいだろう。

「くれぐれもヤマカガシを刺激しないようにして欲しい」というのは、吾妻《あづま》小舎《ごや》の遠藤守雄。ヤマカガシは大人しいヘビに見えるが、興奮すると、首の部分から毒液を噴射するという。それが目に入ったりすると、失明することもあるというのだ。要注意だ。

もしヘビに咬まれたら、どうなるか。症状は次の通りだ。

マムシ　最初、咬まれた局所を中心に痛みと腫《は》れが広がる。その後、痛みや腫れは減少するようだが、血圧の低下や出血傾向が見られる。

ヤマカガシ　最初は30分～1時間後に一過性の激しい頭痛を伴うこともある。特別な症状はないが、数時間から1日ほど経過して、歯ぐきや傷からの持続性の出血が見られる。

ハブ　咬まれると傷口がはれて痛みが激しくなる。

もし、毒ヘビに咬まれたら、いたずらに走ったりしないで安静にすることが大切だ。それから携帯電話などで「119番」に連絡をする。電話が通じたら、落ち着いて、現在の場所、症状などを話し、指示を仰ぐ。救急車が入れる場所まで来てくれる。落ち着いて下山し、病院で血清を打ってもらう。マムシが多い地域ではきちんと血清を用意している病院があり、緊急態勢で治療してくれる。

よく本などには、「傷口より上の部分をハンカチやバンダナなどで縛り、毒を吸い出す。吸い出したらうがいをする、さらには傷口を氷で冷やすとよい」と書かれているが、専門家によれば、かえって悪影響を及ぼしかねないそうだ。また、気持ちを落ち着けるために酒を飲む人もいるが、かえって毒が早く回るので飲酒は控える。一番よくないのは、咬まれたことでパニック状態になることだ。気持ちを落ち着けて治療してもらうようにする。

雷が鳴った、どのようにして逃げようか

午後に稜線《りょうせん》を歩いていないようにする

もう30年ほども前のことだが、南アルプスの山を歩いて山小屋に到着したのが、午後3時頃だった。自分では早く着いた方だと思ったが、山小屋の主人にいきなり「こんなに遅く着いてお前は死にたいのか！」と怒鳴られたことがあった。いったい何故《なぜ》叱《しか》られなければならないのかと思ったが、その直後に激しい雷鳴が轟《とどろ》いたのを聞いて納得がいった。３０００メートル級の山では午後になると雷が活発になり、上下左右から雷が走るのである。山小屋に到着するのは午後2時でも早くないといわれ、それ以後は午後2時には着くように肝に銘じた。もし、あの時、山小屋の主人に叱られていなかったら、その後も遅く着き、大変なことになっていたかも知れない。

この例でもわかるように雷に遭遇しないためには午後の早いうちに山小屋に着いているか、あるいは稜線など山の高みを歩いていないことである。そのためにも大切なのは山の鉄則である「早立ち、早着き」である。特に日帰りの場合は昼には昼食を終

えていて、下山を開始しているくらいがよい。山は午前中が勝負なのである。たまに昼近くから登山を始め夕方に下りる人を見かけるが、雷だけでなく、暗くなってから下山をするのはきわめて危険である。特に秋から冬にかけては、夏場に比べると2時間半も日が暮れるのが早い。朝一番の電車やバスに乗って早め早めの行動を取るようにすれば、それだけ雷に遭う危険を回避出来る。

しかし、雷にいつどこで遭うとも限らない。積乱雲が活発な動きを始めるのがわかったり、雷鳴が聞こえたら、遠くであっても登山は中止するのが賢明だ。遠くで鳴っているからといって安心しているうちに、あっという間に雷雲の下にいたということはよくあることだ。頂上にいたら立ったままではなくて、体を低くしながら尾根に下る。尾根にいたら山腹へと少しずつあわてずに高度を下げるようにする。その時、注意したいのは、高い木や岩の傍にはいないことである。最低でも5メートルは離れるようにする。雷は平坦《へいたん》なところより高いところにある高い木や岩など突出したところに落ちやすいためである。東屋《あずまや》も決して楽観視出来ない。以前、丹沢の中腹にある東屋に大勢の人が逃げ込み、そこに落雷して多数の死傷者を出したことがある。団体の場合はなるべくばらばらに散るほうがよい。

また、逃げる際、金属類を外すことも必要だ。最近では金属を外すよりも姿勢を低

かつて東屋に避難した登山者が落雷に遭い事故になったことがあり、東屋も安心とは限らない。しかし、最近では避雷針付の東屋が登場し、登山者の安全につながっている

雷雨の時は、頂上から山麓へという具合に速やかに高度を下げるが、水は電気を通すために遠くで落雷しても感電する可能性がある。沢の渡渉は控えた方がよい

くした方が効果があるといわれているが、それでも眼鏡やベルトの金属に落雷した例が過去にあるので、用心するにこしたことはない。なお、金属類は後で回収できるようにビニール袋に入れて草むらなどに置いておくようにする。

「何故かわからないが、木を見ていると、枯れた木よりも生木の方に落ちる確率が高い。枯れた木にはあまり落ちないようだ」

こういうのは雲取山荘の新井信太郎である。真偽のほどはわからないが、水分が雷を呼び寄せるのだろうか。いずれにしろ突出した木には近づかないにこしたことはない。それはともかく新井信太郎によれば、雷は雨が降っている最中にはほとんど落ちないが、雨の前後には落雷しやすいので気を付けなければならないと話す。中でも雨が小降りになり、雷が収束に向かっていると誰もが思った頃に突如、落雷することがあるそうだ。油断をしてはならないのである。

もし、雷が鳴り避難している時、近くに山小屋があったらすぐ飛び込み、雷が去るのを待つべきである。山小屋ほど安全な場所はないのである。そのためにもコース上にある山小屋や避難小屋の位置は常に地図で調べ頭に入れておくようにしておきたい。知っているのと知らないのとでは大きな違いとなる。間違っても稲妻と雷鳴との間に時間があるからといって歩き出すような乱暴なことはしないようにする。安全のために自分をセーブする努力が必要だ。

しかし、山小屋に逃げ込んだからといって安心してはいけない例もある。以前、元町営雲取奥多摩小屋の小屋番岡部徹がいっていたが、1度雷がストーブの煙突に落ち、ストーブがいきなり火を噴いたことがあった。山小屋が爆撃を受けたのではないかと思うほど驚いたという。もし、ストーブに触っていたら即死だった、雷が鳴ったらストーブから離れろと注意していたものである。

これら以外には、天気予報で雷注意報が出ていたらその山域に入らないようにする。また、雷が鳴っている時は沢の渡渉は控える。水は通電するため遠くで落雷しても感電しないとも限らないからだ。

道に迷った、どうしよう

迷わないためにはいろいろあるが、時々振り返るのもひとつの方法

ふと気が付いたら、その先に道がなかったり、どこへ続くかわからない道を歩いていたりすることがある。街中でも慌《あわ》てるのに、まして山中でそんな状況になったらパニック状態になりがちだ。不安から心臓の動悸《どうき》が激しくなり、その状況から逃れるために闇雲《やみくも》に下、つまり里に向かって下りたり、さらに前方に歩き出したりする。よかれと思ったことが、その行動はさらに深みにはまることになる。中でも里方面に下りるのは崖《がけ》や滝などがあり危険極まりない。

「道に迷ったと思ったら、すぐに立ち止まり、とにかくしばらく動かないことだ。その場に座るなどして気持ちを落ち着けて、それからのことを考えるのが大切」

こういうのは鍋割山荘の草野延孝。その場で水を飲んだり飴《あめ》などをなめて気持ちを落ち着けて欲しいという。草野は今まで道に迷った登山者を何人も探しに行ったことがあるが、中でも記憶に新しいのは、数年前のことだ。小屋を閉めて自宅に戻ると、

道に迷ったと思ったら、下の方、つまり、里に向かって下りない。木の上に上って周囲を見渡してみよう。意外と近くを登山者が歩いていたり、登山道を見つけたりする

道に迷ったと思ったら、まずは岩に座ったり、飴をなめるなどして気持ちを落ち着けることが大切。それから行動する。落ち着かないとパニックに陥るだけである

夜10時頃、ある登山者の親から電話がかかってきて息子がまだ帰っていないという。その息子というのは、前日、草野の小屋に泊まった青年で朝、見送ったばかりか、その青年は登山者が行かない方面に下りて行ったのでよく覚えていた。その道は一部がれ場になっていて、迷いやすい。草野はそのことを注意して見送ったが、どうやらそこで迷ったようだ。

草野は山に戻った。山小屋に着いたのはもう夜中だった。それから草野は懐中電灯を点《つ》けながら探すと、青年が岩陰でうずくまっていた。幸い助かったが、冬のため歩いて疲れて寝てしまっていたら疲労凍死は免れなかっただろう。聞くと、やはり、がれ場のために行き先がわからなくなり、行きつ戻りつしているうちに時間が経《た》ち、疲れて朝を待つことにしたという。

この遭難はがれ場で道がわからなくなったということだが、道に迷うというのは、様々なきっかけがある。例えば、雲取山荘の新井信太郎によると、「濃霧の時や雨の時に歩くと道に迷いやすい。中でも濃霧は怖い。目の前にある道標がよく見えないこともある。そのため右に向かう標示はわかるが、直進の標示がわからないことがある。登山者は焦《あせ》っているためもあり、右に行ってしまいがちだ。十字路をまっすぐに来ればすぐ先にうちの小屋があるというのに」という。これら以外には誰が作ったかわからないが、「右へ行くと近道」という手書きの看板につられ、ついつい歩き出して道に迷ってしまうとか、ふとした拍子に獣道に入り込み迷うなどがある。中には山頂に登った後、同じ道を下っているのに違う道だと錯覚し、山頂に戻って違う道に入り道に迷ったという人もいるという。こんな具合に道に迷うきっかけ、落とし穴はどこにでもある。

では道に迷わないためにはどうしたらよいか。登山道の要所要所に立った時、チェックするのはもちろんだが、自宅で事前に調べ頭に地図を入れてシミュレーションをしておくことが大切である。分岐点などをよく調べないで来るから迷うことになりがちだ。頭の中に地図がきちんと整理されないために、A地点で入らなければならないものをたまたま近くにあったB地点から入るというようにとんでもない道に入ったりするのである。そうならないためにも地図はよく読んでおくことが大切である。少しでも不安を感じたら、現在地がわかる場所まで戻り、確認する。新井信太郎は登山道を歩いている時、時々振り返ってみたらよいと話す。歩いている時、前ばかり見ているると、同じ道を戻った時、見たこともない道に入り込んだと思い、道に迷ったと錯覚し、パニックになる。実際、振り返ってみると、道の印象が違うことがわかる。試してみるとよい。いざとなると、助けられることもあるだろう。

いずれにしろ、してはならないことは、不安を感じても「何とかなるさ」と黙殺して、どんどん歩いてしまうことである。その時点でもはや道に迷っているといってもよい。

道に迷ったらどうするか。とにかく迷ったと思った時点で立ち止まり、それ以上先に進んだり、下に下りたりしないことが先決である。そして気持ちが落ち着いたら、少しずつ戻る。もし落ち着かないままだったら、道を戻ることもままならない。そして正規のルートだと自信が持てるところまで戻り、地図、磁石、高度計などで位置を確認してから再出発する。

霧の時は無理して歩かない。雨具を着込んで安全な場所に避難する。霧はどんなに濃くても1日に3回は晴れるといわれている。それを我慢強く待つとよいそうだ。

天気がよければ、高い木や大きな岩があったらそれに上がり辺りを見回してみよう。近くに登山道を見つけたり、登山者が歩いているのを発見することもある。

クマが出た、どうしたらいいか

クマと遭遇したら逃げるしかないが、遭遇しないための方法もある

ここ数年、クマが出没したというニュースが多くなっている。環境省によると、2006年に全国で捕獲されたクマは10月末までで約4300頭、死傷者は約130人(うち5人死亡)にのぼるという。ともに過去最多で出没範囲は、山間地だけでなく市街地にも広がっている。中には民家の中に入り冷蔵庫を物色していたクマもいた。これは驚くべき現象であり、数字の高さである。クマの専門家は、木の実の不作という理由もあるが、人間の食べ物の味を覚えて、集落をエサ場と認識したクマが増加しているためと指摘している。

では、山の中ではどれほど目撃されているのか。山小屋の主人に聞くと、「50年間で3回しか見たことがない。1度は沢に水を飲みに行ったら鉢合わせしたが、クマから逃げて行った。後は登山道をあわてて横切るクマを見た。そんな程度だ」(雲取山荘・新井信太郎)

「丹沢にクマがいることは調査をしている人から聞いて知っている。しかし、30年も山を登ったり下りたりしているが、1度もその姿を見たことはない」（鍋割山荘・草野延孝）

という具合に目撃談は意外と少ない。山小屋の関係者ほどよく見かけるのではと思うのだが、どうやら違うようだ。新井信太郎はこういう。

「クマは目があまりよくないが、鼻が鋭いから人間のにおいを感じると、すぐ逃げるようだ。クマにとって人間は天敵で一番怖い存在だからどんどん逃げる。逃げる時は笹《ささ》の中を音も立てないで歩くそうだ」

山の中で人がクマに襲われたという話は、ほとんどが山菜を採るために山奥に入ったことから起きている。クマの棲息地《せいそくち》に入るのだから事故は起きやすくなるのである。その一方で登山者が普通に登山道を歩いている時に襲われたという話はまず聞かない。やはり人間を感じると、クマの方からさっさと逃げて行くようだ。しかし、登山道でも特殊なケースでクマに襲われたという話をふたつ聞いたことがあるので紹介しよう。

ひとつは、秋田県のある登山者。クマの出没が怖くて爆竹を鳴らしながら歩いていた。すると、向こうから痩《や》せた犬が走ってきた。見るとそれは犬ではなく、猟師に鉄砲で撃たれて傷を負ったクマだった。その人はクマと格闘した。クマの急所は鼻。そ

皮がトコロテンのように縦にいく筋にも裂けたヒノキ。専門家に聞くと、クマが遊んだ跡という。これは都留市の九鬼山の一般登山道横で見かけた

の鼻を殴って撃退して命拾いをした。「クマは爆竹の音を鉄砲の音だと思ったのか、俺を猟師だと勘違いして仕返しに来たようだ」とその人がいったが、一歩間違うと大変なことになっていた。

もうひとつは福島県在住のカメラマンで山岳ガイドの仁井田研一の場合である。ある日、仁井田は西吾妻山の若女平《わかめだいら》の登山道を歩いていた。その日は雨が降っていて、登山者は他に誰もいなかった。音も立てずにすり足でゆっくり歩いていた。すると、5メートルほど先の藪《やぶ》が動いたと思ったらその中からクマが右手を上げながら突然現れた。仁井田の目前をクマの右手が横切った。仁井田は瞬間的に後ずさり、持っていた三脚でクマを殴りつけた。すると、クマは一目散に逃げた。仁井田は剣道の心得があった。クマの腕が振り下ろされた瞬間後ずさりして難を逃れたので顔面の擦過傷だけで済んだ。

秋田の登山者の場合は手負いのクマである。手負いグマは三大危険グマのひとつといわれ恐れられている。仕返ししようといきり立っているのである。ちなみに他のふたつは子連れの母グマと秋、発情期を迎えたメスグマである。子連れの母グマは子供を守ろうと神経質になっていて、発情期のメスグマは数頭のオスが回りにいることからかなり興奮して危険なのだ。

　仁井田の場合は、雨の中ひとり音も立てずに歩いたことが特殊な状況といえよう。風がないので仁井田の臭《にお》いがクマに届かなかったようだ。人間が来ないと思って安心して寝ていたところへ仁井田がいきなり現れたのである。逃げる暇がなくて襲い掛かったようだ。

　二人の遭難はあくまでも特殊である。しかし、いくら特殊とはいえ、登山道の近くにクマが潜んでいるということはこれでわかるのではないか。結局はクマが現れるか現れないかの違いなのである。ではクマと遭わないためにはどうしたらいいか。まず危険だと思ったら音を立てて歩くとか鈴を鳴らしたり、ラジオをかけたりするとよいだろう。そうすれば逃げるだろうし、出合い頭でぶつかることもない。ただし、登山中全行程で鈴やラジオを鳴らしっぱなしにするというのは第三者の迷惑である。他に誰もいず心細い時とか危険地域と思われる場所だけにしたい。

　もし、不幸にしてクマに遭遇したらどうするか。新井信太郎はこうアドバイスする。

「クマは目が悪いから動く物を追いたがる。だからザックを投げると、それを反射的に追う。その間に逃げるとよい。逃げる時は下ること。クマは登りは得意だが下りは苦手なようだ」

「雨具などを着て両手を広げて体を大きく見せたり、大声を上げると逃げる。クマは

もし、クマに遭遇し、逃げる時間がない時、試してもらいたいのが、雨具などを着て広げ、体を大きく見せる方法だ。そして大声を上げる。すると、クマは自分より大きい物がいる、敵わないと感じ逃げるそうだ

自分より大きいものには恐怖を抱くものだ」

やってはいけないことは「死んだふり」。猟師に聞いたことだが、クマは死んだふりをした人間を前足で引っ掻《か》いたり嚙《か》んだりして危険だという。逆にクマが死んだふりをすることがあるという。鉄砲で撃たれ、瀕死《ひんし》の状態にあるが、まだ意識がある時である。猟師が油断して近づいた時、急に立ち上がって襲い掛かる。最後の抵抗である。以前、奥多摩で瀕死のクマを覗《のぞ》いた人がいたが、次の瞬間、顔面を殴られ大怪我《おおけが》をしたとは、元町営雲取奥多摩小屋の小屋番岡部徹の話である。猟師はクマが生きているか死んでいるかを確かめる時は手の平を見る。もし、開いていたらそのクマは絶命しているが、握っていたらファイティングポーズ状態にあるので要注意で近づかないという。

２００７年度に出された環境省の「クマ類出没対応マニュアル」では「クマがこちらに気づいていない時は、ゆっくりとクマから見えない方向まで離れる」「クマがこちらに気づいて逃げて行く場合は、周囲の状況に気を配りながら逆の方向にゆっくり離れる」「クマが気づいて近づいて来る場合は、クマの動きを十分確認しながら、ゆっくりと後退する」などが紹介されている。

コラム⑧

八ヶ岳・オーレン小屋

小平忠敏（こだいら・ただとし）。１９４４年、長野県茅野市生まれ。大学を中退し、オーレン小屋三代目として入る。自然に優しい山小屋にするためにそれまで使用していた発電機を止め、平成14年、国の補助を得て水力発電を起こし、全館の電力をまかなっている自然派である。

小平忠敏が山小屋の電力を水力発電にしたいと願ったのは、それまで使っていた発電機が故障したのがきっかけだった。数日後に団体客が来る予定だった。発電機を直さないと食事を作れない。慌《あわ》てて修理を頼んだ。直るまで数日かかった。不便だった。

が、発電機がないと、静かだし、第一排気ガスの臭《にお》いがないのがよかった。それは山小屋本来の姿でもあった。痛感した。便利さのためだけに騒音、排気ガスを出す発電機に頼っていたのだ。いかに自然に対して傲慢《ごうまん》なことをしてきたか。発電機を止めてそれに代わる方法はないものか。あれこれ考えた。普通なら、理想を思い描くうちに実現の難しさに諦《あきら》めてしまいがちだが、小平は違った。水力発電をしている山小屋があると聞くと出かけ、参考にした。同じように風力発電、太陽光発電をしている山小屋があると聞くと出かけ勉強した。いろいろ見るうちに自分の小屋では水力発電が向いていると思った。小屋の近くを水量が豊富な沢が流れているからだ。計画を話すと、関係者から無謀だとか不可能だとかいわれたが、諦めなかった。やはり静けさと排気ガスのない自然に戻したかったのである。願いが叶《かな》い小屋に水力発電による電気が灯《とも》ったのは1年後だった。

Ⅸ

山小屋を使った1泊2日、おすすめコース

雲取山と雲取山荘

東京で一番高い山にある山小屋

雲取山は東京都と埼玉県、山梨県との都県境にあり、東京都で一番高い山として知られている。山域は、奥多摩と奥秩父の境界にあり、深田久弥の日本百名山の1つに数えられている。登山コースは大きく分けて秩父側コースと奥多摩側コースの2コースある。秩父側コースは三峰神社、白岩山、雲取山へと入る。三峰神社へは西武秩父駅からのバスまたは三峰口駅からのバスの便を使って入る。奥多摩側コースは、奥多摩駅から鴨沢までバスなどで入り、七ツ石山を経て雲取山に入る。いずれのコースも登山口から宿泊先の雲取山荘までは5時間から6時間はたっぷりかかり、中級者向けといえよう。道が整備されているため危険箇

データボックス

●**グレード**　中級者から
●**歩行時間**　第1日目約5時間、第2日目約4時間15分、合計約9時間15分
●**参考コース**　第1日目＝西武秩父駅（バス1時間15分）三峰神社（2時間）霧藻ケ峰（1時間30分）白岩小屋（1時間30分）雲取山荘・泊
第2日目＝雲取山荘（30分）雲取山（45分）奥多摩小屋（30分）ブナ坂（20分）七ツ石山（50分）堂所（1時間20分）鴨沢（バス40分）青梅線奥多摩駅
●**問い合わせ先**　登山口／秩父市産業観光部観光課☎0494・25・5209、下山口／丹波山村観光協会☎0428・88・0444
●**日帰り温泉**　もえぎの湯☎0428・82・7770
●**雲取山荘**☎0494・23・3338

A図

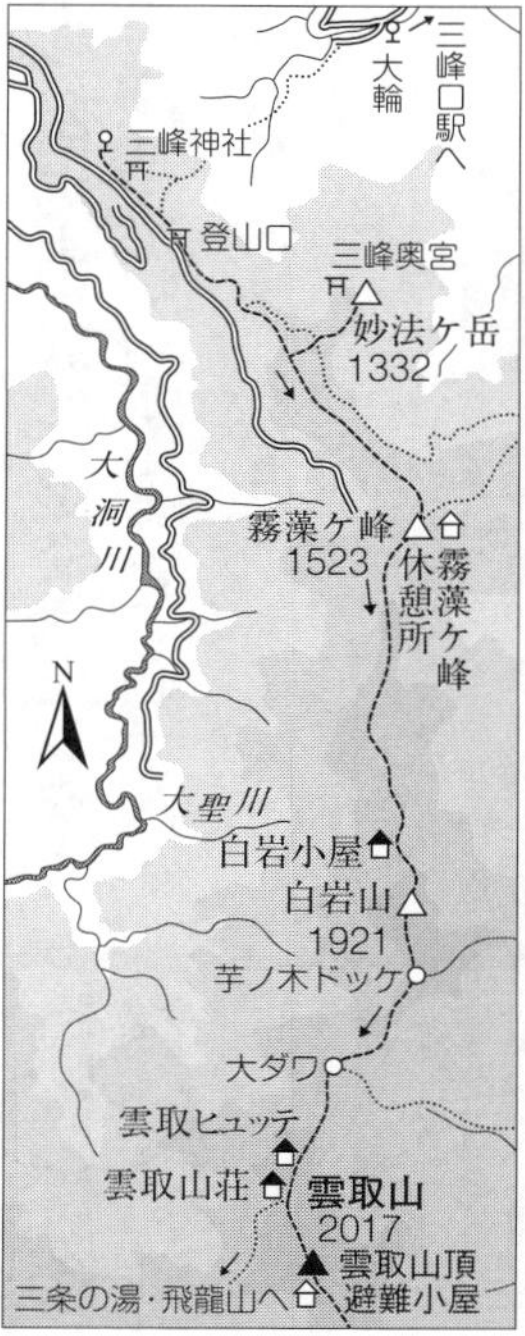

B図

所はなく、安全に歩けるが、真冬よりも3月になると、ドカ雪が降り、歩行困難となることも。また、気温もマイナス10度以下になることもあり、油断は出来ない。

苗場山と苗場山自然体験交流センター

花の宝庫、苗場山の頂上にある山小屋

　苗場山は新潟県と長野県の県境にある山で上信越高原国立公園にある。山頂は広大な湿原になっていて、夏はチングルマをはじめキンコウカ、イワショウブなどが咲き見事である。苗場山の名前は湿原に点在する池塘《ちとう》に稲のような草が生え、まるで水田に見えることから付いたといわれている。かつては火山だったとは思えないほど優しい山容の山である。

　登山コースは祓川《はらいかわ》コース、小赤沢コースなど大きく分けて4コースあるが、東京方面からは、和田小屋から雷清水を経由して山頂、苗場山自然体験交流センターに至る祓川コースが一般的だ。とはいっても登るだけで4時間から5時間はかかる

データボックス

●**グレード**　中級者から
●**歩行時間**　第1日目約4時間20分、第2日目約5時間50分、合計約10時間10分
●**参考コース**　第1日目＝JR上越線越後湯沢駅（タクシー40分）和田小屋（2時間20分）上ノ芝（1時間）神楽ケ峰（1時間）苗場山・苗場山自然体験交流センター・泊
第2日目＝苗場山・苗場山自然体験交流センター（1時間10分）深穴の大岩（1時間）フクベノ平（1時間50分）赤湯（1時間30分）林道終点（20分）ゲート（タクシー50分）JR上越線越後湯沢駅
●**問い合わせ先**　湯沢町観光協会☎025・785・5505
●**日帰り温泉**　湯沢町国民保養センター　コマクサの湯☎025・784・3326
●**苗場山自然体験交流センター**☎025・767・2202（秋山郷観光協会）

ため中級者向けである。山小屋に泊まった翌日は、すぐに下りるのではなく山頂湿原をじっくり歩きたい。下山は赤湯方面に下るが、時間がある時は、赤湯山口館に泊まり、秘湯を楽しむのもよいだろう。

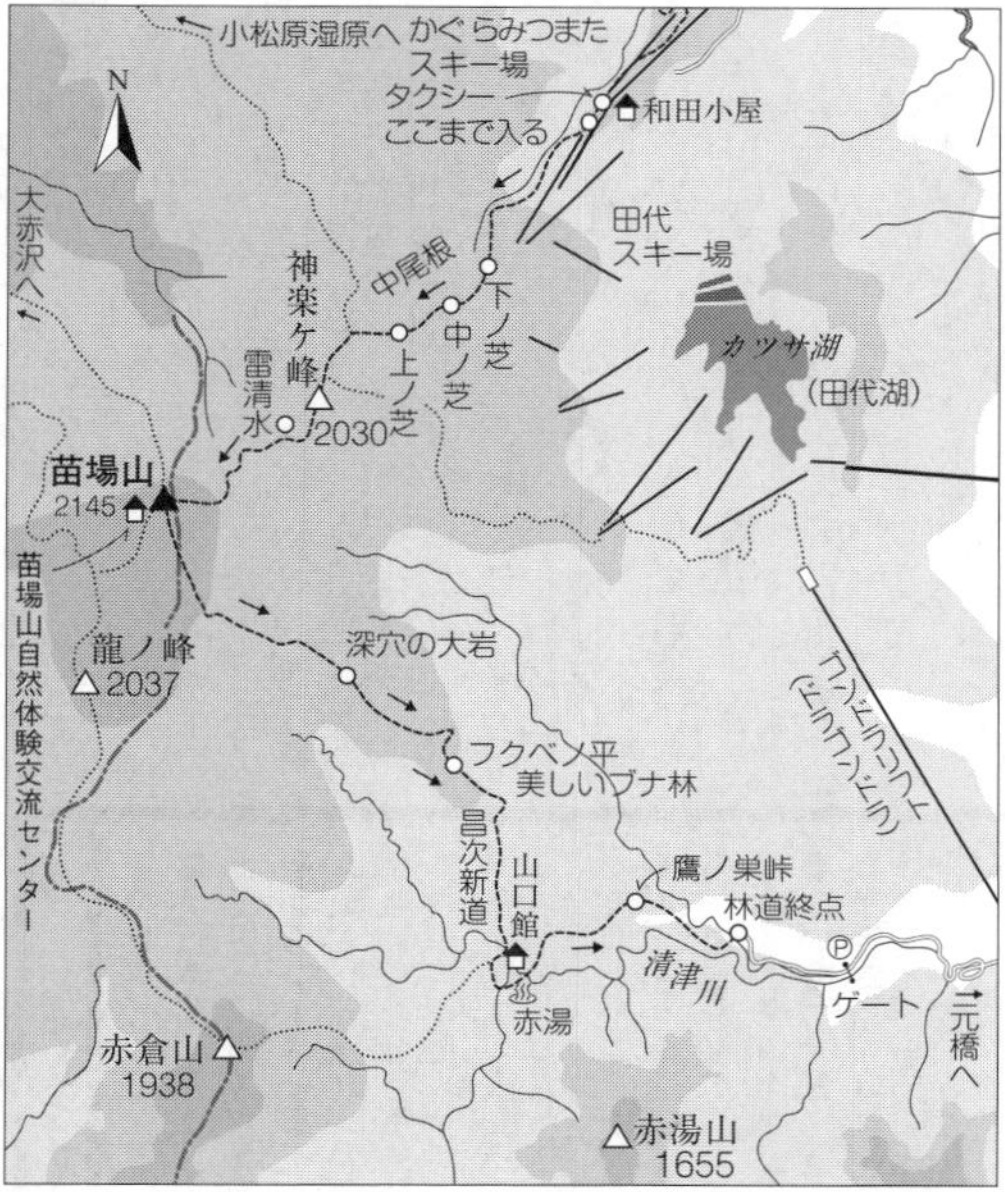

塔ノ岳と尊仏山荘

丹沢主脈縦走の登山基地

塔ノ岳は、神奈川県の北西部に連なる丹沢山塊の南部にある山で丹沢大山国定公園に属している。富士山、南アルプスなどの展望がよく多くの登山者に歩かれている。丹沢は古くから山伏や行者たちの修験《しゅげん》の場となっていたが、この塔ノ岳は尊仏山とも呼ばれ、特に重要な山だったといわれている。また、かつて山頂にあった巨石「尊仏岩」は雨乞《あまご》いの神として崇《あが》められていたが、関東大震災で崩れ落ちてしまったという。

初日は大倉から大倉尾根を登り、尊仏山荘に泊まり、丹沢主脈を縦走する。道はこれといった危険箇所はないが、距離が長いので早く山小屋を出る必要がある。日本百名山で知られる丹沢山から

データボックス

●グレード　中級者から
●歩行時間　第1日目約3時間、第2日目約6時間、合計約9時間
●参考コース　第1日目＝小田急線渋沢駅（バス15分）大倉（1時間40分）堀山ノ家（1時間）金冷シ（20分）塔ノ岳・尊仏山荘・泊
第2日目＝尊仏山荘（40分）竜ケ馬場（20分）丹沢山（50分）棚沢ノ頭（40分）蛭ケ岳（50分）原小屋平（20分）姫次（20分）八丁坂ノ頭（1時間20分）林道（40分）東野（バス30分）三ケ木（バス30分）JR横浜線橋本駅
●問い合わせ先　登山口／秦野市役所観光課☎0463・82・9648、下山口／相模原市観光協会☎042・769・8236
●日帰り温泉　いやしの湯☎042・787・2288
●尊仏山荘☎0463・88・1113

一度下り、今度は蛭《ひる》ケ岳を目指し少しずつ高度を上げる。蛭ケ岳は登山者があまりいない静かな山で展望がよい。蛭ケ岳から東野までは下りだが、結構長丁場だ。

地図A

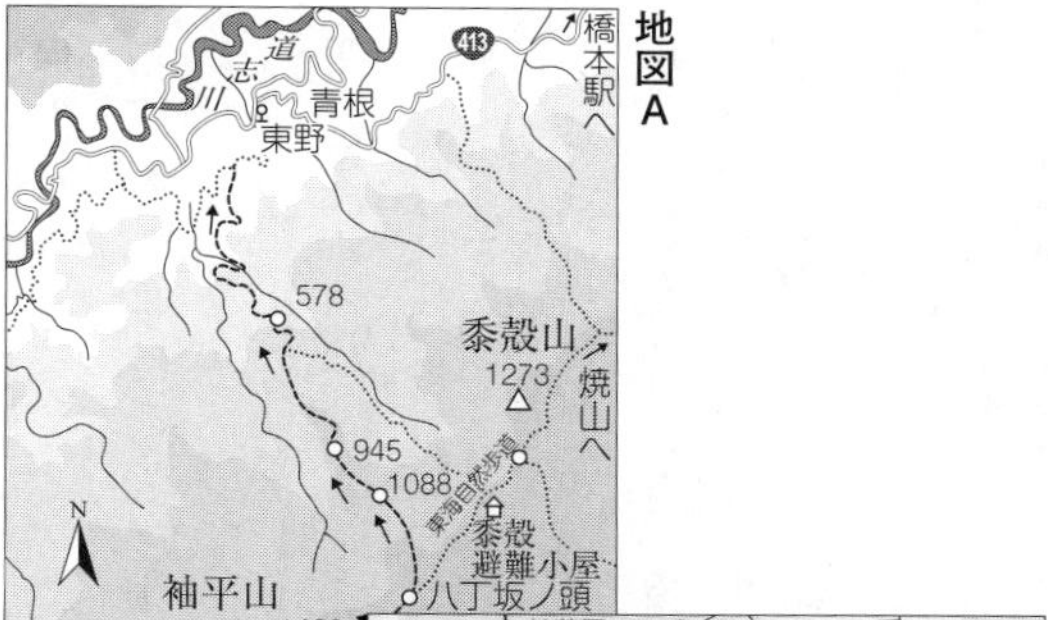

地図B

鍋割山と鍋割山荘

ブナと海を見ながら歩ける表尾根を縦走

鍋割山は塔ノ岳（２６８ページ参照）直下にある金冷シから西に延びる鍋割山稜《さんりょう》と呼ばれる尾根の西端にある山で標高は１２７３メートル。山名は、山の形が鍋《なべ》のように丸いからではなく、北側にある鍋割沢から付けられたという。鍋というのは、岩の多い場所という意味で歩きにくいという意味だとか。鍋割山荘のある山頂は富士山などの展望がよく、よい休憩場所になっている。この山へ入るには大倉から二俣《ふたまた》、後沢乗越《うしろざわのっこし》を経由するのが一般的だが、後沢乗越から山頂までは急坂が続く。何回か休憩をはさんで登るようにする。鍋割山から塔ノ岳へ向かうが、ここはブナが多い心地よい稜線である。塔ノ岳からは、アップダウンの

データボックス

●グレード　初心者から
●歩行時間　第1日目約3時間、第2日目約4時間、合計約7時間
●参考コース　第1日目＝小田急小田原線渋沢駅（バス15分）大倉（1時間10分）二俣（40分）後沢乗越（1時間10分）鍋割山・鍋割山荘・泊
第2日目＝鍋割山・鍋割山荘（25分）二俣分岐（40分）塔ノ岳（35分）書策小屋（30分）烏尾山（50分）林道（1時間）大倉（バス15分）小田急小田原線渋沢駅
●問い合わせ先　秦野市役所観光課☎０４６３・82・９６４８、秦野市観光協会☎０４６３・82・８８３３
●日帰り温泉　秦野天然温泉さざんか（小田急小田原線東海大学前駅徒歩5分）☎０４６３・78・００２６／鶴巻温泉弘法の里湯（小田急小田原線鶴巻温泉駅徒歩1分）☎０４６３・69・２６４１
●鍋割山荘☎０４６３・87・３２９８

ある尾根になる。行者岳ではクサリ場もあり注意が必要だ。烏尾山《からすおやま》からは植林の暗い急な山道を経て、水無川林道を歩くことになる。

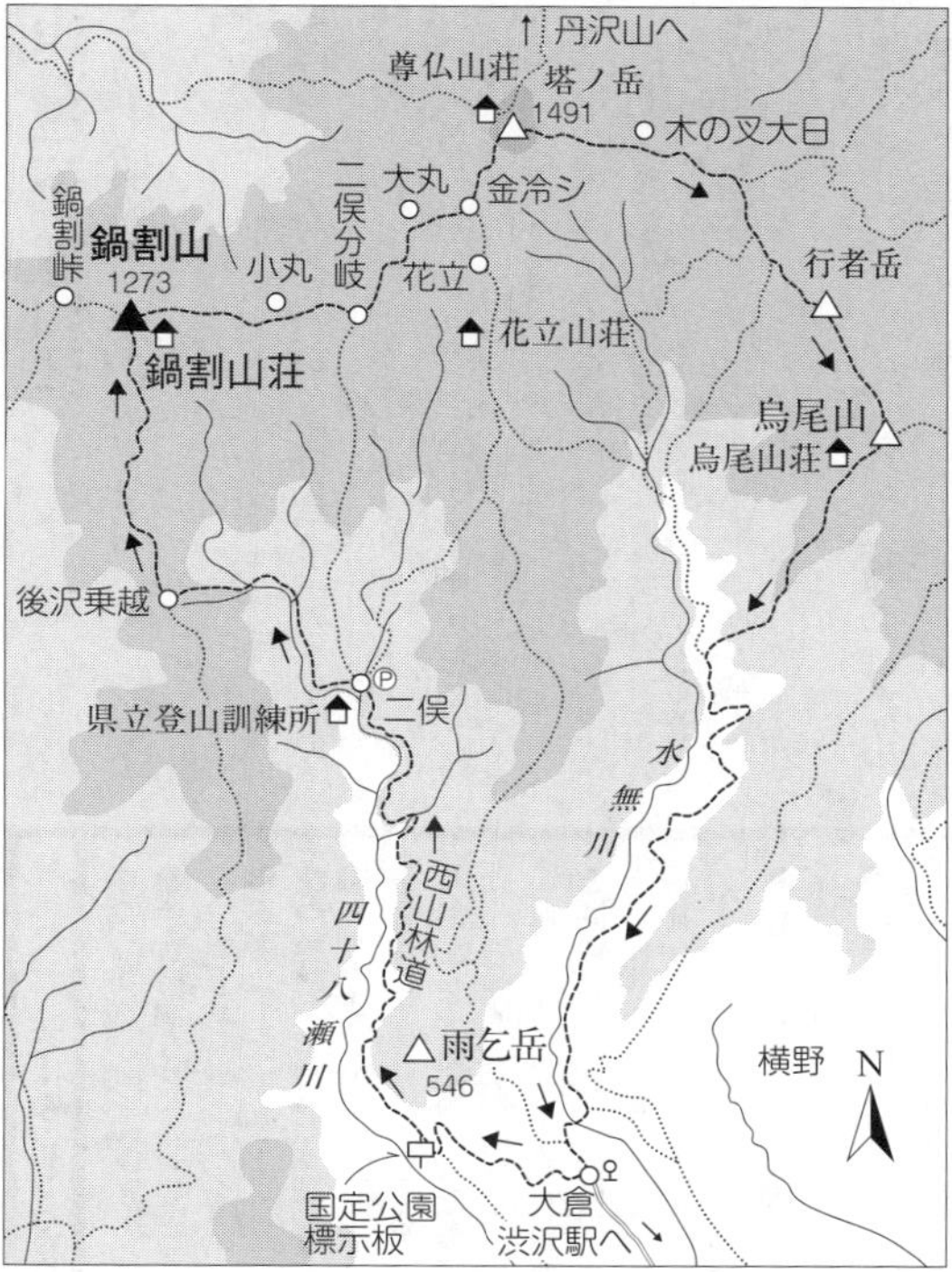

三ツ峠山と三ツ峠山荘

富士山と高山植物を楽しめる山

富士五湖のひとつ河口湖の北側にそびえる山でかつては信仰の山であったが、現在では富士山の展望台、ロッククライミングのゲレンデとして知られている。山名の由来は、開運山、御巣鷹山《おすたかやま》、木無山の3山を合わせて三ツ峠山という説と湧水《ゆうすい》が多いため水峠と呼ばれ、それが転じて、みつとうげ、三ツ峠山になったという説があるが定かではない。この山に登るには古くから歩かれた東側の表登山道を登る。三つ峠駅から達磨石、八十八大師を経由して山頂に立つが、修験に使われた山だけあって急坂の連続で初心者にはかなり堪《こた》える。三ツ峠山荘からは山頂まで30分もかからない。下山は木無山経由で府戸尾尾根、河口湖駅に出る。

データボックス

●**グレード**　初心者から
●**歩行時間**　第1日目約4時間30分、第2日目約3時間、合計約7時間30分
●**参考コース**　第1日目＝富士急行線三つ峠駅（1時間30分）達磨石（2時間）八十八大師（1時間）三ツ峠山荘　第2日目＝三ツ峠山・三ツ峠山荘（1時間40分）霜山（45分）天上山（10分）山頂駅（天上山ロープウェイ3分）山麓駅（30分）富士急行線河口湖駅
●**問い合わせ先**　登山口／西桂町役場産業振興課☎0555・25・2121、下山口／富士河口湖町役場☎0555・72・1111
●**日帰り温泉**　河口湖温泉元湯、野天風呂天水☎0555・76・8826
●**備考**　三ツ峠登山口から登ると、往復約3時間30分で日帰りも可能。
●**三ツ峠山荘**☎0555・76・7473

もうひとつは西側にある別名、裏三ツと呼ばれる三ツ峠登山口から運搬用の道を登って行く方法である。これなら山頂までは2時間もかからず着ける。

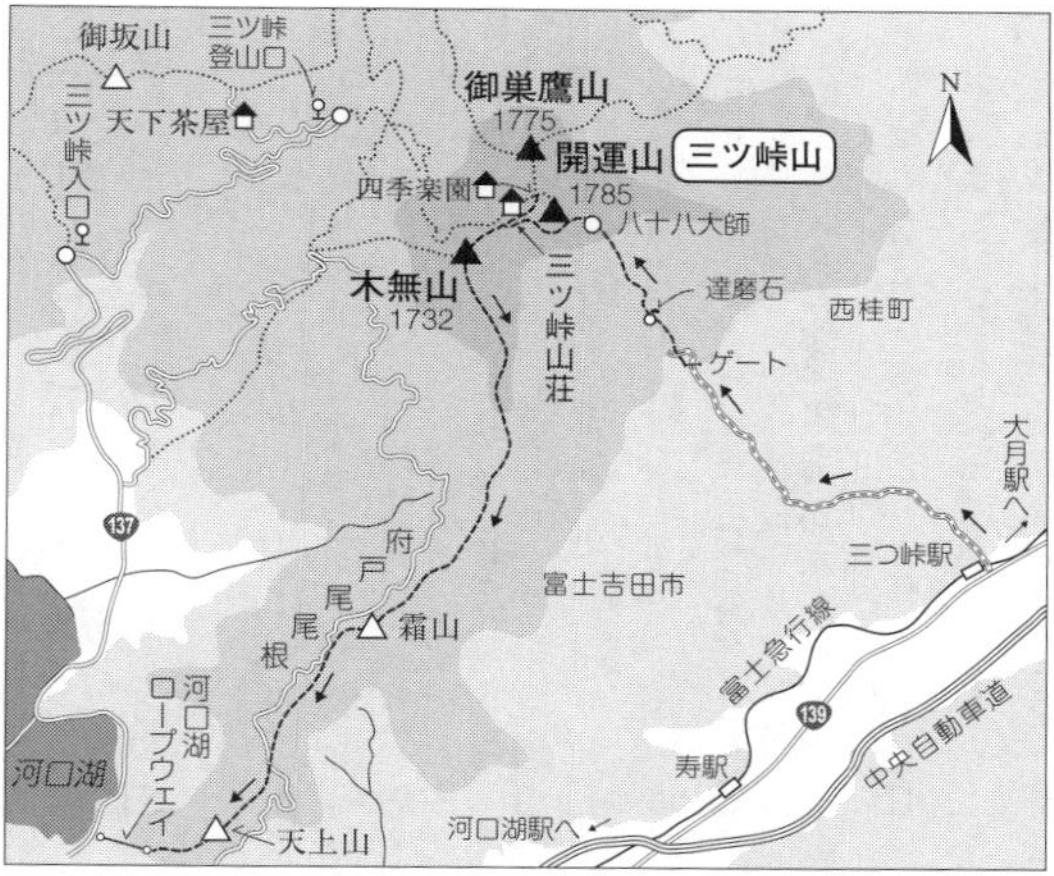

三ツ峠山からの富士は葛飾北斎も見て「冨嶽三十六景」の1枚に描いたといわれている

ニユウとしらびそ小屋

リスやカモシカがやってくる山小屋

ニユウは八ヶ岳連峰のほぼ真ん中に位置し、北八ヶ岳の中山から東に延びた尾根上の三角形の岩峰である。なぜ、ニユウと呼ぶかというと、遠くから見ると、刈り終えた稲をハザ木に掛けた形に似ていることからである。地元では稲わらを積んだものをニユウと呼ぶのだそうだ。展望がよい山で富士山をはじめ奥秩父の山々などを見られる。

この山へ入るには小海駅から稲子湯を経由し、しらびそ小屋に泊まった後、翌日は中山峠まで登り、ニユウまで稜線を進む。ニユウからは十字路を経て、白樺尾根、シャクナゲ尾根のいずれかを通るが、今井行雄によれば、季節になると、石楠花《しゃくなげ》が咲く、シャクナゲ尾根の方がお勧めだという。ゆ

データボックス

●**グレード**　初心者から
●**歩行時間**　第1日目約2時間40分、第2日目約5時間35分、合計約8時間15分
●**参考コース**　第1日目＝JR小海線小海駅（バス40分）稲子湯（30分）車止めゲート（2時間10分）しらびそ小屋・泊
第2日目＝しらびそ小屋（1時間50分）中山峠（20分）中山分岐（50分）ニユウ（45分）シャクナゲ尾根分岐（1時間30分）シャクナゲ尾根・車止めゲート（20分）稲子湯（バス40分）JR小海線小海駅
●**問い合わせ先**　小海町役場☎0267・92・2525
●**日帰り温泉**　稲子湯☎0267・93・2262／八峰の湯☎0267・93・2288
●**しらびそ小屋**☎0267・96・2165

るいアップダウンが続くがこれといった危険箇所はない。シャクナゲ尾根から稲子湯に出てひと風呂《ふろ》浴びてバスまたはタクシーで小海駅へ向かう。

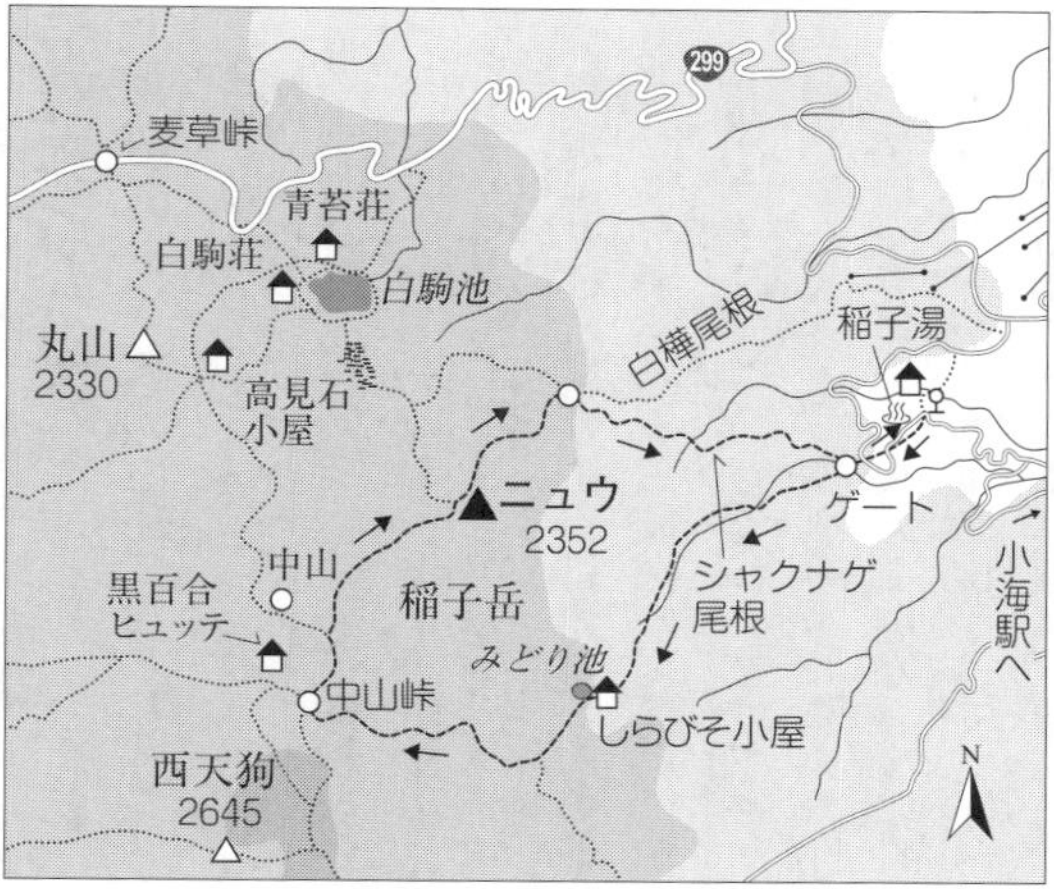

しらびそ小屋の窓辺には、ニホンリスが冬など森に餌がなくなる頃にやってくる

大菩薩嶺と介山荘

富士と南アルプスの展望を楽しむ

大菩薩嶺《だいぼさつれい》は山梨県の北東部に位置し、大菩薩連嶺最高峰の山である。頂上は樹木が繁茂しているために眺望は得られないが、中里介山の小説で知られる大菩薩峠から雷岩までの馬の背のような稜線では富士山や西に壁のように連なる南アルプスなどの大展望を楽しめる。最寄の駅は塩山駅。バスまたはタクシーで裂石《さけいし》の登山口まで入る。その後、上日川峠を経由して大菩薩峠にある介山荘へ。山小屋からは甲府盆地の夜景、峠から少し登った中里介山の文学碑からは富士山がよく見える。大菩薩嶺から裂石方面へ向かう道は、それまでの展望のよい道とがらりと変わり、原生林が豊富になり、深い森を歩くといった雰囲気だ。樹木の下の

データボックス

●**グレード**　初心者から
●**歩行時間**　第1日目約3時間10分、第2日目約3時間20分、合計約6時間30分
●**参考コース**　第1日目＝JR中央本線塩山駅（バス30分またはタクシー20分）大菩薩峠登山口・裂石（30分）千石茶屋（1時間30分）上日川峠（1時間10分）大菩薩峠・介山荘・泊
第2日目＝大菩薩峠・介山荘（50分）大菩薩嶺（1時間）丸川峠（1時間30分）大菩薩峠登山口・裂石（バス30分またはタクシー20分）JR中央本線塩山駅
●**問い合わせ先**　甲州市役所観光交流課☎0553・32・5091
●**日帰り温泉**　甲州市塩山交流保養センター大菩薩の湯☎0553・32・4126
●**介山荘**☎0553・33・2816

空洞には時としてヒカリゴケがあるので観察してみよう。丸川峠から先は岩の急坂である。用心して歩きたい。やがて、林道に出ると、裂石の登山口は近い。

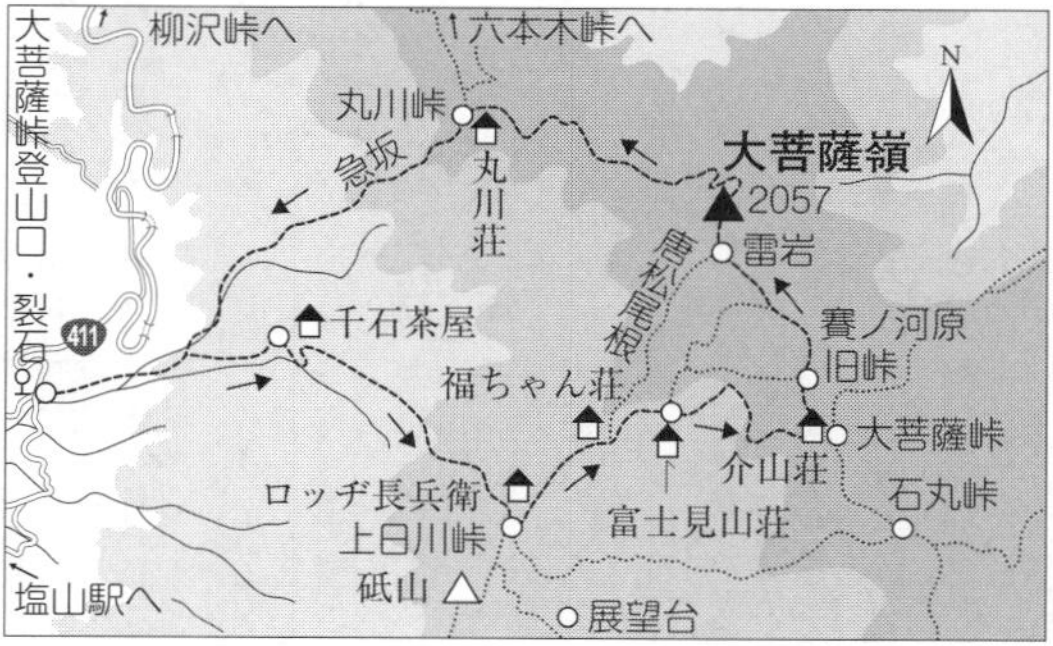

いつも登山者で賑わっている大菩薩峠

硫黄岳とオーレン小屋
水力発電で明るく過ごせる山小屋

硫黄岳は八ヶ岳連峰のほぼ真ん中にある山で、隣接する横岳や赤岳と違い、山頂付近はなだらかである。しかし、山頂直下は巨大な爆裂火口になっていて、するどくえぐれている。この山に入るには赤岳経由、赤岳鉱泉経由などいくつもルートがあるが、初心者にはオーレン小屋経由が適切かと思われる。登山口は桜平。ここまでは茅野駅からタクシーも入る。桜平から山小屋までは約1時間20分。小屋に荷物を置いて根石岳まで足慣らしをしてみよう。小屋には風呂もあり、汗を流せる。翌日は、夏沢峠を経由して硫黄岳に登る。樹木がないので風雨の強い時は気を付けたい。硫黄岳で展望を楽しんだら赤岩ノ頭まで一度下り、それか

データボックス

●**グレード**　初心者から
●**歩行時間**　第1日目3時間20分、第2日目3時間40分、合計で約7時間
●**参考コース**　第1日目＝JR中央本線茅野駅（タクシー50分）桜平（30分）夏沢鉱泉（50分）オーレン小屋（30分）箕冠山（20分）根石岳（20分）天狗岳（15分）根石山（15分）箕冠山（20分）オーレン小屋・泊
第2日目＝オーレン小屋（15分）夏沢峠（1時間）硫黄岳（15分）赤岩ノ頭（40分）峰の松目（40分）オーレン小屋（30分）夏沢鉱泉（20分）桜平（タクシー50分）JR中央本線茅野駅
●**問い合わせ先**　茅野市観光課☎0266・72・2101
●**日帰り温泉**　尖石温泉　縄文の湯☎0266・71・6080
●**オーレン小屋**☎0266・72・1279

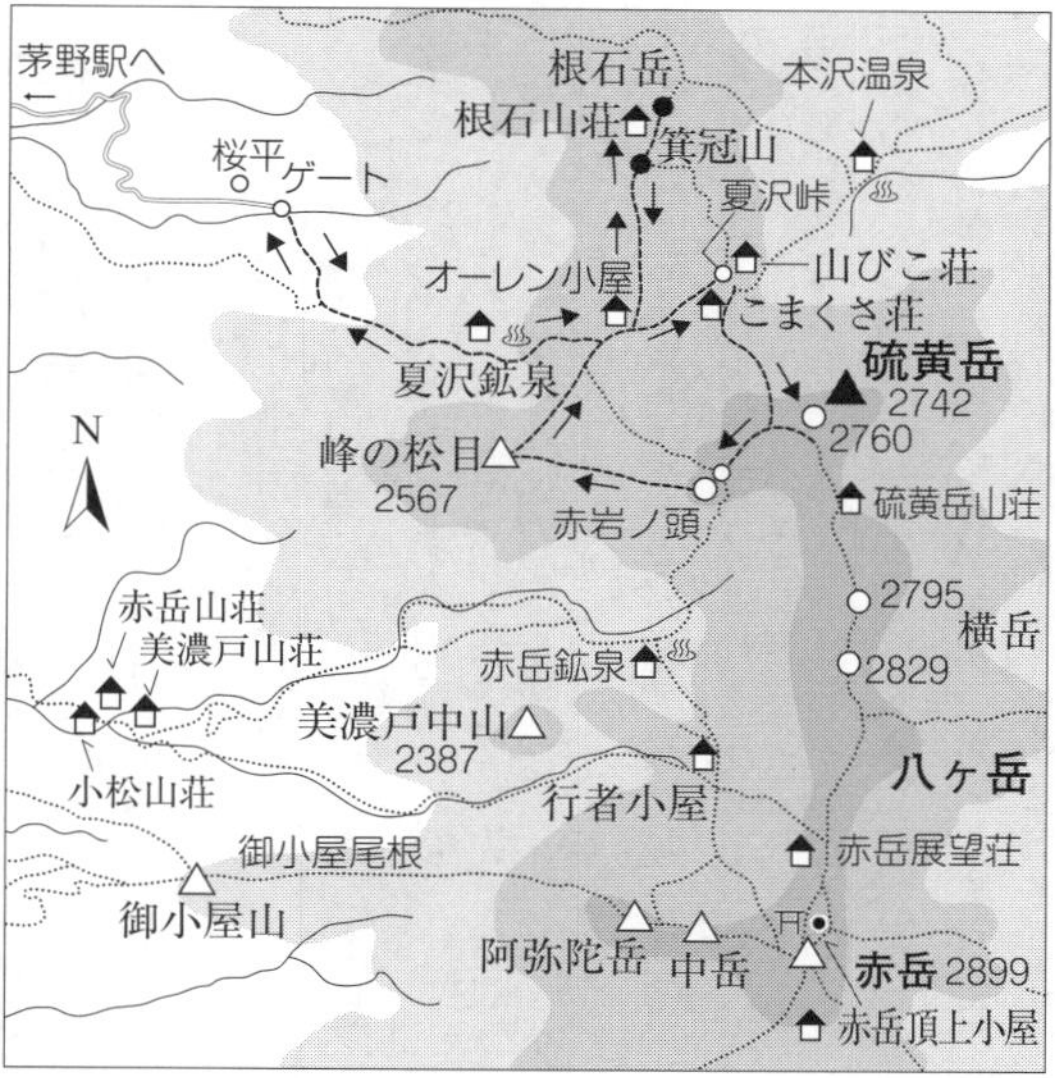

シラビソがうっそうと生えるオーレン小屋周辺。八ヶ岳の森の深さをうかがえる

ら峰の松目に登る。山頂は樹木で展望は得られないが、中腹からは赤岳や阿弥陀岳《あみだだけ》など八ヶ岳の主な山が間近に見られる。

鳳凰三山と青木鉱泉

薬師岳の東山麓にひっそりとある温泉宿

鳳凰《ほうおう》三山は南アルプスの前衛に位置し、主峰の観音岳を始め薬師岳、地蔵岳の三山が連なる山塊である。この山は夜叉神《やしゃじん》峠から入る方法などいくつかあるが、ここではかつて子福地蔵信仰で賑《にぎ》わった中道と呼ばれる登山道を登る。森の中にひっそりとある青木鉱泉から薬師岳に続く尾根を登って行く。途中に御座石と呼ばれる10メートルほどもある巨大な岩が現れる。この山の神が座ったと崇《あが》められてきた石という。御座石から樹林帯の中を登り詰めると、やがて薬師岳に着く。疲れていたら南側にある薬師岳小屋に泊まろう。薬師岳から観音岳、地蔵岳を結ぶ稜線《りょうせん》は緑色のハイマツ、花崗岩《かこうがん》の白い砂礫《されき》のため、まるで白砂青松のよう

データボックス

●**グレード**　中級者から
●**歩行時間**　第1日目5時間20分、第2日目6時間40分、合計で約12時間
●**参考コース**　第1日目＝JR中央本線韮崎駅（季節運行バス1時間）青木鉱泉（40分）登り口（4時間40分）薬師岳小屋・泊
第2日目＝薬師岳小屋（50分）観音岳（1時間10分）賽ノ河原（50分）鳳凰小屋（1時間30分）白糸滝（2時間20分）青木鉱泉・泊（季節運行1時間）JR中央本線韮崎駅
●**問い合わせ先**　韮崎市商工観光課☎0551・22・1111
●**備考**　自家用車の場合は青木鉱泉の敷地内の駐車場に止める。薬師岳小屋☎0551・22・6682
●**青木鉱泉**☎0422・51・2313

で雲上の日本庭園ともいわれている。鳳凰小屋前からドンドコ沢を下る。五色滝、白糸滝、南精進滝など迫力ある滝を楽しめる。やがて青木鉱泉に戻り、温泉で汗を流せる。

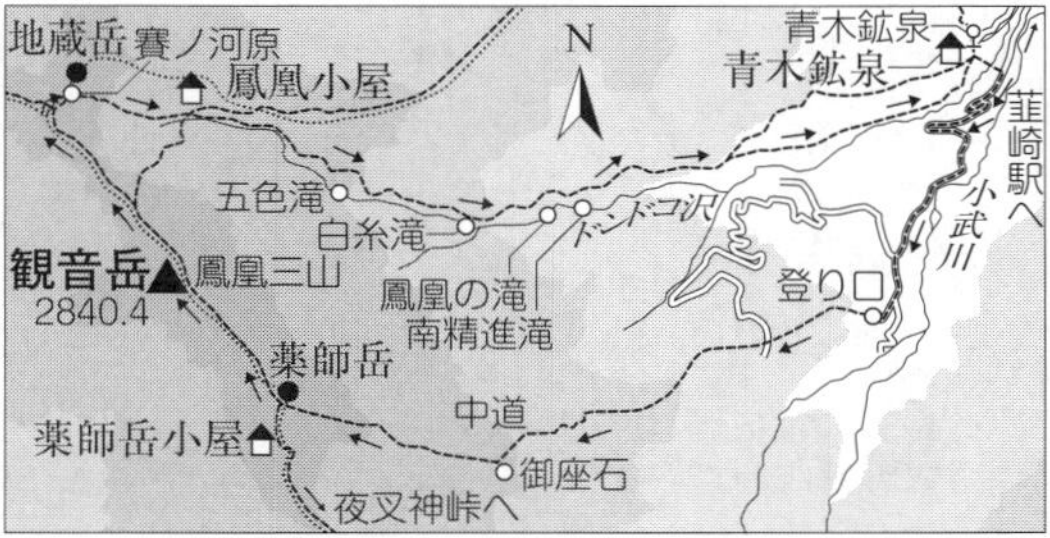

鳳凰三山のひとつ地蔵岳のオベリスク（尖塔の意）

仙丈岳と大平《おおだいら》山荘
親子2代で守る山小屋

別名、南アルプスの女王と呼ばれる仙丈岳は赤石山脈の北部にある山で山頂付近に大仙丈カールなど珍しいカール地形がある山として知られている。また、夏は高山植物が豊富に咲くために多くの登山者が訪れる。この山の登山口は北沢峠。甲府駅からは広河原、伊那市駅からは戸台口へそれぞれバスに乗って入る。大平山荘で十分休養をとった後、翌早朝から登山を開始しよう。しばらくは樹林帯の中だが、やがて爽《さわ》やかな風が吹く稜線に出る。仙丈岳の山頂付近が遠くに見え、振り返ると甲斐駒ケ岳が見える。馬ノ背ヒュッテを経て仙丈小屋に着けば、山頂はもう間近に見える。しかし、それからが長い。焦《あせ》らずに歩こう。山頂に

データボックス

●**グレード**　中級者から
●**歩行時間**　第1日目約10分、第2日目約6時間10分、合計で約6時間20分
●**参考コース**　第1日目＝JR中央本線甲府駅（バス2時間）広河原（バス30分）北沢峠（10分）大平山荘・泊　第2日目＝大平山荘（2時間）馬ノ背ヒュッテ（1時間30分）仙丈岳（40分）小仙丈岳（40分）大滝ノ頭五合目（1時間20分）北沢峠（バス50分）戸台口（バス40分）JR飯田線伊那市駅
●**問い合わせ先**　登山口／南アルプス市観光商工課☎055・282・6294、下山口／伊那市観光協会長谷支部☎0265・98・3130
●**日帰り温泉**　仙流荘☎0265・98・2312
●**備考**　仙流荘から新宿駅行き高速バスが出ている。約4時間。
●**大平山荘**☎0265・78・3761

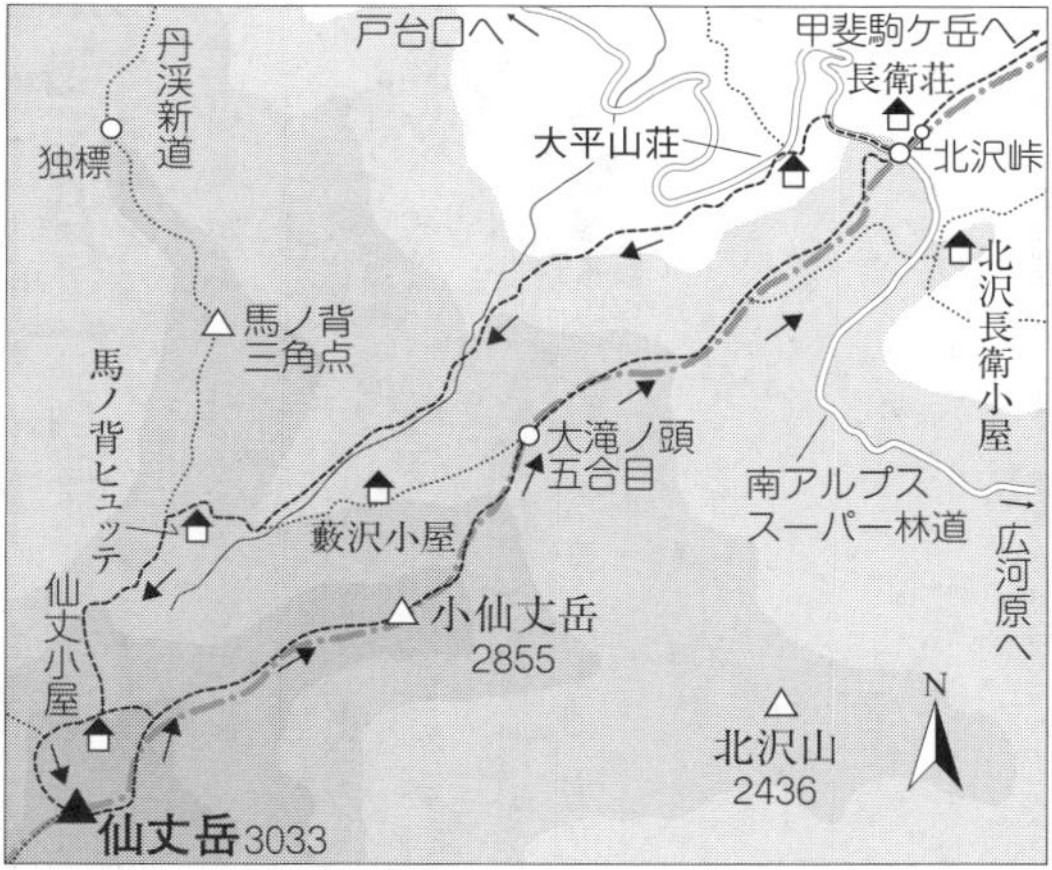

立てば、日本1、2位の高峰、富士山と北岳が並んで見える。山頂からは小仙丈岳、五合目を経て北沢峠に戻るが、長距離のため膝《ひざ》を痛めないためにも休みながら下ろう。

仙丈岳に一歩ずつ登る登山者。背後に見える山は甲斐駒ケ岳

コラム⑨

鳳凰三山・青木鉱泉

堤宏（つつみ・ひろし）。1932年、東京生まれ。大学卒業後、社会科の教員をしたが、後に会社を興したり、親の会社の手伝いをした後、青木鉱泉を再興した。山小屋の主人になって40年近くになる。

何かしら郷愁を感じる建物である。それもそのはず、明治時代に建てられ、廃屋になっていた旧青木鉱泉の建物を1973年に復元したためである。復元したのは外観だけでない。釘を1本も使わない「挿《さ》し鴨居《かもい》造り」という当時の工法をそのまま踏襲している。また、当時使われていた太い梁《はり》を再利用しているため頑丈そのもので地震にもびくともしないという。

そもそも鳳凰《ほうおう》三山の地蔵岳は江戸時代中頃、子福地蔵信仰の山として子供が出来ない女性がご主人と共に全国からやってきた信仰の山である。その時に泊まった宿が青木の湯と呼ばれた青木鉱泉の前身で、現在の位置より少し上にあった。子供が欲しい夫婦は地蔵岳に登り、そこに鎮座しているお地蔵を借りて山を下りた。子供が出来ると今度は借りたお地蔵と新しいお地蔵を運んでお礼にまた山に登ったという。そんな具合に長年賑《にぎ》わった山だったが、いつしか廃《すた》れ、青木鉱泉も廃屋状態になっていた。40年程前、堤が会社の保養所として購入したが、どこから手を付けていいかわからないほどだった。しかし、行政や登山者から公共の山小屋として再出発して欲しいという要望があり、昔の姿のままに復元して今に至っているのである。

X

山歩き10ヶ条

山歩き10ヶ条

山小屋の主人から聞いた、ためになる安全のための山登り10ヶ条

第1条　山頂を目指すより山麓《さんろく》の自然を味わう

山歩きは、本来、自然を楽しむものである。美しい自然にひたり、心身共にリフレッシュする。最近は登った山の数を競うピークハンターが増えている。そのため山から下りてきても山の印象を持っていないのが実情だ。ピークを求めるより、ひとつの山の四季折々の自然を楽しむほうが、味わい深い。山には都会にはないゆったりした自然本来の時間が流れている。ベテランほどゆっくり歩く。足元に咲いているスミレなどの植物やブナ、ミズナラなどの樹木を見上げ楽しんでいる。反対に初心者ほどコースタイム通り、あるいはそれ以上速く歩こうとして慌《あわ》ただしい山歩きになる。山では速く歩いても、ケガをするだけである。

第2条　事前調査をしっかりとしよう

歩く山が初めての場合、危険箇所はないか、バスの運行状況はどうなのかなど不安が先行し、行きたい気持ちが半減してしまう。そんな不安は事前調査をして少しでも少なくする。その基本はガイドブックと地図をよく読み、山の概要をよく知ることである。特に地図をしっかりと「読む」ようにする。地図は、国土地理院の2万5千図を使うのが基本だが、標準コースタイムや危険箇所が書き込まれている市販の地図が便利。それもなるべく版や発行日が新しいものにする。天気が悪くなった時のための「エスケープルート」もしっかり調べておこう。山行日までに余裕がある場合は、その山の市町村の観光課に連絡してパンフレットを送ってもらったり、不安事項について電話で質問したりする。インターネットを利用し、山の情報を得るのもよい。ただし、市販のガイドブックと違い正確性において疑問が残るので参考程度にする。情報を集めて不安を少しでも少なくすると、行きたい気持ちがますます高まる。

第3条　ベストコンディションで山に入る

山を歩きたいと思ったら、まず自分の体が山歩きに向いているかどうかをかかりつけの医師などに診てもらう。もし、治療が必要なら診断通り治療し、許可が下りたら山歩きを始める。体調が万全でないと山を歩いている時に倒れたりして第三者に迷惑をかける。次に大切なのは体力作りである。多くの人はジョギング、水泳、サイクリングという具合に日頃から自分に合ったトレーニングをして備えている。続ければ続けるほど、持久力がつき、心肺機能が高まる。これと並行して行いたいのが筋力アップと体の柔軟性を高めることだ。筋力が弱いと膝《ひざ》を痛めたりするし、体が硬いと腰痛《ようつう》になったりする。日頃、忙しい人でもエレベーターを使わず階段を歩いたり、風呂《ふろ》上がりに体操をするなどしてトレーニングしている。睡眠不足の時は山に入らないことだ。睡眠不足で山に入っても辛《つら》いだけである。たとえ体調が万全でも登山口では十分に準備体操をしてから歩き、終わった後は整理体操をする。

第４条　装備は万全に

日帰りだからといって弁当とお茶だけ持って山に入る人がいるが、どんな低い山でも一皮剝《む》けば何が起きるかわからない自然に変わりはない。町中と違い、暗くなれば街灯もつかず真っ暗になる。突然雨が降ったり、道に迷って夜を明かすこともある。そうなると、人間は手も足も出なくなる。万が一のためにも生き延びるための基本装備はザックの中に入れておくようにする。

まず雨具。値段は高いがセパレートタイプでゴアテックスなどの透湿防水素材で出来たものがよい。体から発散する蒸気が素材のミクロの穴から発散されるので蒸れない。これは雨具だけでなく防寒具、ウィンドブレーカーにも使える。ザックは30リットル位のものにし、靴は軽登山靴を履く。靴が深いため足首が保護され、ねんざしにくい。忘れてならないのは懐中電灯。夏場は日が長いが、冬になると、夏より2時間半も短くなる。山に入る前に点灯テストをし、確実に点《つ》くか試す。ザックの中でスイッチが入らないように工夫するのも必要だ。これら以外に帽子、サングラスがあるとよい。いざという時のために十分に充電した携帯電話があると心強い。冬に日帰りの山歩きをする時は、防寒具をしっかりすることもさることながら、雪が降って滑ることもあるので、軽アイゼンを用意しておくとよいだろう。最近は、チェーン式の軽アイゼンが人気である。

第5条　早立ち早着きを原則とせよ

山は午後になると天気が崩れ、雷や雨になる確率が高い。雨に降られないためにも、山歩きの大半は午前中に終えるようにする。そのためには始発の電車やバスに乗る気持ちで出発する。登山口には朝9時頃までに着き、山歩きを開始する。そして山頂には11時頃には到着し、弁当を広げているようにする。山頂からの展望も午後より午前中のほうが、水蒸気が上がって来ず、よく見える。こんな具合に、下界の時間の過ごし方より早め早めの行動をとるようにする。そのほうが気分的にも余裕が出来る。そして12時頃には下山にかかり、3時頃には近くの日帰り温泉に入り汗を流しているというのが理想的である。山でねんざなどをして歩けなくなると、時間がかかり、あっという間に暗くなってしまう。早め早めの行動を取っていれば、暗くなる前に里に下りて来られて、大事になることを防げる。

第6条　余力を残した歩き方をせよ

若いつもりでいても加齢と共に体力は落ちて行く。体力を過信して無理をすると、遭難しないとも限らない。そうならないためには日頃から体力作りを心掛けることが大切だが、体力の配分に気を付けることも大切だ。理想的な配分は登りに体力の3分の1を使い、下りに同じく3分の1を使う。残りの3分の1は雷が鳴った時など、緊急時の避難のために残しておく。それ以外の時はゆっくり歩く。特に歩き始めの1時間はゆっくり歩き、ウォーミングアップにする。同時に体調、ザックの不具合などに気を使う。体調が思わしくなかったら思い切って引き返す。歩く時は音を立てずに歩く。音を立てて歩くと、疲労するだけでなく、膝を痛める。休憩は50分歩くと、5分休むとよいとよくいわれるが、適宜休む。休む時は展望のよいところでスポーツドリンクなど水分をとったり、何か食べ物を食べるようにする。

第7条　山のマナーを守れ

登山道で登山者同士が擦れ違った時は挨拶《あいさつ》をするのがマナーだ。その時に大切なのは情報を交換することである。この先の橋が落ちていないかなどの情報を得れば、不安材料が解消出来る。無視して通れば、それだけ情報が入らないということである。狭い道では擦れ違うのが難しい。そんな時は、登って来る人を下る人が安全な場所で待つ。登り優先というマナーである。待つ時はかならず山側で待ち、谷側では待たない。もし、便意をもよおしたら、穴を掘り、その中にする。そして使用した紙も穴に入れ、土を被《かぶ》せて埋める。何もしないでそのままにしておくのは不衛生である。これら以外には、山から花を持ち帰ることはやめる。盗掘は犯罪行為であり、持ち帰っても根付かない。

第8条　雷が鳴ったら、高度を下げよ

山は天気が崩れやすい。特に午後は雷が発生しやすい。そのためなるべく午後は稜《りょう》

線《せん》を歩かないようにする。山小屋に着く時間は遅くとも3時までにする。アルプスなど高い山では午後2時には着かなければならない。雷に遭遇しないためには、まず雷雨注意報が出ている山には行かないようにすることだ。もし、山中で雷雨注意報が発令されたことを知ったら、山歩きを中止する。不幸にして山頂で雷の音が聞こえたら、登山を即刻中止して下山する。雷は平坦《へいたん》なところより、木や岩などの突出したところに落ちやすい。頂上にいたら尾根へ、尾根にいたら山麓へと高度を下げる。水は通電するので沢の渡渉は控える。もし近くに山小屋や避難小屋があったら迷わず飛び込む。そのためにも地図をよく「読み」、山小屋の位置などをよく知っておこう。

第9条　道に迷ったら、里へ下らず、尾根を目指せ

道に迷ったと思うと、ほとんどの人が不安にかられ、いたずらに歩き回り、さらに深みにはまってしまうようだ。中にはパニックのあまり発狂してしまう人もいるという。まず道に迷ったと思ったら落ち着くことが大切である。特に霧の時は雨具を着込み、晴れるまで動かない。晴れたら辺りを見回し、今来た道を確認してから忠実に引き返す。そして、正規のルートだと確信したところまで戻ったら、地図、磁石などで道順を確認してから再出発する。してはならないことは、谷や沢筋に向かってしまう

ことである。谷へ向かうと里が近くなると思い、下りがちだが、谷には滝や崖《がけ》など危険箇所が連続している。尾根を求めて上へ上へと向かうようにする。木に登って周りを見回すのもよい。登山道を発見出来る可能性が高い。

第10条　山を畏《おそ》れよ、油断が遭難に結びつく

山は一歩間違うと死につながる。落石、雷、突風など次の瞬間、何が待っているかわからない。一歩一歩緊張して歩かないと事故に遭う可能性は高くなる。山の危険を十分に知っている山小屋の主人たちは、山に入る度に心の中で手を合わせて無事を祈るそうだ。しかし、登山者の中には慣れてくると、油断する人もいる。そして最初の緊張感を忘れ、転んだり、ケガをしたりする。山を歩きながら常に山に対する畏怖心《いふしん》を忘れてはならない。畏怖心を抱きながら慎重に歩く人に、山は自然の美しさを見せてくれるに違いない。

コラム⑩

仙丈岳・大平山荘

竹澤信幸（たけざわ・のぶゆき）。1953年伊那市生まれ。初代小屋番で父重幸の跡を継いで二代目小屋番となる。シーズン中は母愛子さん、姉雪子さんが手伝いに来て登山者の世話をする。登山者からは家族的な山小屋と評判である。

北沢峠から徒歩で10分ほどのところにある平屋のこぢんまりとした山小屋である。掃除が行き届いていてゴミひとつ落ちていない。清潔な山小屋で黒光りした柱に昔懐《なつ》かしい感じがする。

二代目の竹澤信幸は黙々と働き、いかにも山小屋の親父《おやじ》という感じだが、80歳を過ぎた母親の愛子さんは、大きな声で笑いながら登山者によく昔語りをしていた。思い出話から怪談話まで様々だが、中でも兄の話は今でも忘れられない。愛子さんが若い頃、山小屋で登山者の世話をしていると、登山者のひとりが戦争の話をしていた。どうやら南方の海で戦死した兄が乗っていた船と同じ船に乗っていた人のようだ。それをきっかけに話をすると、その人は兄の上官だったらしいことがわかる。偶然とはいえ、因縁を感じる。

「こんな山の上で南方の海で戦死した兄の話を聞けるなんて、兄の魂が上官を山に連れて来たとしか思えないんですよ」

そういって愛子さんは目頭を押さえた。戦後65年以上経《た》っているというのに愛子さんの中ではまだ戦争が終わっていないのである。

XI

山道具一覧表

山道具一覧表：1

オールシーズンに必要な山道具

名称	備考
装備関係	
□ザック	日帰りでは30リットル程度がよい。
□ザックカバー	ザックに合うサイズの物を使用する。
□軽登山靴	透湿防水性のあるゴアテックス使用の軽い靴。
□ライター・マッチ	いざという時に火を起こすため。
□ヘッドランプ	予備の電池と電球を含む。毎回点灯を確認する。
□サングラス	近眼の人は眼鏡の上にかぶせるタイプを使う。
□地図	コースタイムがかかれている物を使用。
□コンパス	出発する前に作動するか確認する。
□資料	目的の山のことが書かれている物を持参。
□水筒	最近はペットボトルを数本持参する人が多い。
□ガスバーナー	ガスボンベ式が簡単。寒冷地用もある。
□コッヘル	多少高価だが、チタン製が軽くてよい。
□洗面用具	歯ブラシ、タオルがあると何かと便利。
□靴ひも予備・細引き	いざという時、背負いひもにもなる。
□保険証と身分証明書	ザックに入れておく。

□筆記用具	鉛筆と小型ノート。到着時間などをメモする。
□時計	高度計が付いている物もある。
□ロールペーパー	芯を抜き、つぶしてビニール袋に入れる。
□新聞紙・週刊誌	敷物などに使う。あると何かと重宝する。
□笛	遭難した時、声を出すより体力を消耗しない。
□携帯電話	いざという時便利。電池の消耗に注意。
□	
服装関係	
□上着類	長袖、長ズボンを使用。暑い時は袖をまくる。
□下着類	速乾性の下着を着る。綿の下着は着ない。
□靴下	厚手の靴下1足。
□ベスト	携帯電話や食べ物を入れるポケットのある物。
□ズボン類	伸縮性があり、速乾性の長ズボンを履く。
□着替え類	風呂上りなどに着る。ビニール袋に入れておく。
□軍手または手袋	日焼け予防、岩場を歩く時に手を保護する。
□雨具	透湿防水性のあるセパレートタイプが便利。
□帽子	後頭部に垂れ布が付いている物がよい。
□バンダナ	首に巻くだけでなく、三角巾にも使える。
□	

食事関係	
□食料品	食料は多めにあると、小腹が空いた時によい。
□おやつ	のどが渇かないもの。
□コップ、箸、ナイフ	箸、フォーク、ナイフがセットになった物。
□非常食	チョコレートなどカロリーの高い物。
□	
□	
その他	
□サイフ	中に身分証明書、保険証を入れておく。
□ゴミ袋	スーパーの袋などをたたんで入れておく。
□緊急医薬品	包帯や常備薬を入れる。
□裁縫セット	針と糸を持っていると何かと便利。
□	
□	
個人によって必要な物	
□眼鏡、コンタクトレンズ	眼鏡ケースもザックに入れておく。
□折りたたみ傘	山では使わないが、行き帰りに重宝する。
□嗜好品	コーヒー、お茶、ガムなど。
□化粧品	日焼け止めクリームもあるとよい。

□風呂敷	ビニール袋代わりに使うとよい。
□カメラ	高山植物のみならず、自然は採らずに、撮る。
□	
□	

山道具一覧表：2

積雪期に必要な山道具

□軽アイゼン	4本ツメで十分だが、チェーン式もある。
□冬用の衣類	フリースが温かくて軽い。
□革の登山靴	雪の中を歩いても温かい。
□毛糸の帽子	耳をすっぽりと被うものがよい。
□化繊の下着	シャツとタイツがセットになった物がよい。
□ロングスパッツ	保温と同時に雪が入るのを防いでくれる。
□保温水筒	温かい飲み物で身も心も暖かくなる。
□毛糸の手袋	手の保温、凍傷を防いでくれる。
□	
□	
□	
□	
□	

あとがき

山小屋の主人には寡黙《かもく》な人がいるかと思えば、冗談をいって笑わせ、その場を面白くする人など様々だが、改めて話をしたり、一緒に山を歩いたりすると、思わずメモを取らずにいられないことがたびたびあった。例えば、本書にも紹介したが、雲取山荘の新井信太郎氏がいった「山の遭難事故はほとんどが歩き始めの1時間以内に起きる。自分さえよければいいという感じで、われ先に行こうとするからだ。それが後で大変なことになる」ということや、尊仏山荘の花立昭雄氏がいった「春は登山道の雪が溶け泥道になっているが、日陰は凍っている。しかもその上に土がかぶっていて凍っていないように見える。知らずに歩くと滑って大変なことになる」などである。

そんな話を聞くと、改めて彼らは登山者をよく観察している、そして登山者が怪我《けが》をしないように気配りしていると感服したものである。それはまさに長い時間を山で過ごしてきた主人たちの現場の声であり、重みがあった。たかだか10年、20年山を歩いたからといってしかつめらしい顔をして書いた登山の技術書とは深みが違うと痛切に感じたものである。そこで山小屋の主人たちのそんな知恵をまとめて一冊にしたら、よりよい本が出来るのではないかと思ったのが、本書のきっかけだった。今までにない技術書が出来ると考えたのである。

その後、改めて多くの山小屋の主人に話を聞いた。たくさんの知恵を披露してくれる人もいれば、1人1つという場合もあった。多くを語ってくれた人も1つだけの人も究極は、「山は競争ではない、ゆっくり歩け、そうしたら山の自然を楽しめるだけでなく、事故も起きない」ということをいいたいことがわかった。根底において山小屋の主人たちの物の見方は共通していて、常に登山者の安全を願っているのである。そんな山小屋の主人たちの知恵を私が代弁者となり、伝えようと懸命に書いたが、中には「ダブルストックは山を駄目にする」というような読んで反発を感じる内容もあるかも知れない。しかし、登山者にはわからないところでしっかり見据えた上での「警告」であり、「是正」を呼びかけているのである。今後のよりよい登山のためにも参考にしていただければ幸甚《こうじん》である。

最後に本書に登場していただいた山小屋の主人の皆さんに感謝すると共に敬称を略させていただいた失礼をお許し下さい。写真のモデルには私が講師をしていた東京新聞サンシャインシティ文化センターの山歩き講座「富士を見る山歩き」「フラワーハイキング」などの受講生の皆さんに登場していただいた。ありがとうございました。

また、医療監修に現役のスポーツドクターである菅栄一氏のお手を煩《わずら》わせました。ツツガムシ病の写真に関しては、岩手医科大学皮膚科学講座の協力を得ました。感謝申し上げます。出版にあたり、東京新聞出版局編集部長の姫野忠氏のお世話になりました。お礼申し上げます。

二〇〇七年六月吉日

工　藤　隆　雄

文庫版に寄せるあとがき

『山小屋の主人の知恵袋』が文庫化されると聞いた時は嬉《うれ》しかった。新潮文庫という歴史ある本の仲間に入れてもらえるばかりでなく、サイズ的にも今まで以上に気軽に読めると思ったからだ。この本をザックに入れて、何か困ったことがあった時や、こんな時はどうしたらいいのだろうと迷った時などに手に取って、山小屋の主人たちの教える知恵で次の一歩を安全に進むようにしてほしい。

本書を企画してくれた新潮文庫編集部の大島有美子さんは、書店で『山小屋の主人の知恵袋』を手に取った時、「山をなめると痛い目に遭う」などと他の山の本では書いていないことが目にとまり、文庫にしようと思ったとおっしゃってくれたが、嬉しい限りだ。山小屋の主人たちは日頃は登山者を笑わせたり、お化けの話をして怖がらせたりするが、いざ、危険を察知すると、ずけずけとものをいう。それはやはり、登山者の命を思えばこそで締める所はきっちり締める。長年自然の中に住み、自然の美しさはもちろん怖さを誰よりも知っているからだ。

解説は今や山の世界では知らない人がいない岩崎元郎さんにお願いした。一九九五年、ある新聞に好きな仕事で生きる人というタイトルで紹介したことがある。その時岩崎さんは「脱サラして山の教室、無名山塾を作ったが、マネジメントはサラリーマン時代よりきつく、人の命を預かっているために神経を使う。しかし、やりがいがある」というコメントを寄せてくれた。それ以来、著書を紹介してもらったり、雑誌で対談をしたりしてきた。岩崎さんも山小屋の主人たちと同じように、生徒に厳しくいう時はきちんというそうだ。この解説は毎日のように国内外の山に出かけて活躍してお忙しいなか書いて下さった。お礼申し上げます。

なお、本書は新潮文庫に入るにあたり、タイトルを『山小屋の主人の知恵袋』から『山歩きのオキテ—山小屋の主人が教える11章—』と変更した。これは編集部が考えてくれたもので素敵な名前になった。本書がこれからさらに自然を愛する人に手に取っていただき、安全で楽しい山歩きの一助になることを心から願っています。

二〇一一年六月吉日

工藤隆雄

解説

岩崎元郎

山ヤで、その人ありと名を知られるには、ハードな登山の実績が必要である。日本人として最初のエベレスト登頂後、価値ある冒険を繰り返した植村直己さん、マッターホルン北壁、アイガー北壁、グランドジョラス北壁、アルプス三つの北壁冬期単独初登攀《とうはん》の長谷川恒男さん、史上最年少（当時）で七大陸最高峰を制した野口健君。彼らの例を挙げるまでもなく、登山界で指定席を確保するにはハードな登山の実績、即《すなわ》ちマスコミに取り上げて貰《もら》えるような成果が必要だった。

工藤隆雄さんは、ハードな登山の実績ではなく「文章を書く」という地道な努力の積み重ねで、登山界に指定席を確保された希有《けう》な例のお一人であると思う。

一九五三年青森市生まれ。二十歳の頃、大学の山好きの友人に誘われて、いきなり八ヶ岳に登ったのが最初の登山であったという。中学や高校の遠足で、八甲田山や岩木山に登らされたらしいが、嫌々だったとか。前述の八ヶ岳にしても、辛《つら》い・寒い・大変で二度と来るかと思ったのに、東京に戻って来ると、満天の星とか清々《すがすが》しい空気が無性に懐《なつ》かしく、いつしか一人で山に入るようになっていたから不思議、と工藤さんは述懐されている。

自然いっぱいの田舎で育った工藤さん、都会に憧《あこが》れて上京したものの、なにか物足りなさを感じていたようだ。不足しているのはビタミンAでもCでもなく、「ビタミン自然」だったとはご本人の分析。そのことに気づいて以来、東京周辺の丹沢や奥多摩の山々に毎週登りに行くようになった。その体験が文章に昇華していったと、拝察する。

子供の頃から読書好きで、将来は小説家になろうと考えていたようで、高校時代には雑誌にエッセイを投稿されたりしている。「書ける」というのは、実は山ヤにとって強力な武器なのである。登山界に指定席を確保するには、ハードな登山の実績が必要と前述したが、植村さんや長谷川さんのように、マスコミが飛びつく位の超ハードな内容ならいざ知らず、ハードな実績であっても並レベルであると、マスコミは気が付いてくれないから、自分で自分をアッピールするしかない。自分をアッピールする最良の方法は「書く」ことである。工藤さんは、「書ける」という強力な武器をお持ちだったのだ。

大学を卒業されて出版社に就職された工藤さん、物書きの夢が捨てきれずサラリーマンであることを捨ててしまう。たちまち路頭に迷ったそうで、フリーランスのライターとして自立できるまでは、かなりご苦労があったようだ。将来に不安を感じると山に入って色々考えた。ふと目を上げると富士山が見えた。「頑張れ」と言われているようで、元気を貰えたと、述懐されている。この時の富士山が『富士を見る山歩き』三部作として結実したのだろう。

工藤さんの地道な努力が結実して、一冊に纏《まと》められた山の本は多い。本書、『山歩きのオキテ―山小屋の主人が教える11章―』も、その一冊である。山のノウハウ・ハウツウ・モラルなどを、ご自身が蘊蓄《うんちく》を傾ける技術書とするのではなく、山小屋の主人に語らせるというのが、工藤さんならではのアイディアだと思った。客観的な立場からの発言ではなく、主観的な立場からの発言だから説得力がある。

Iは、「山のことはその山小屋の主人に訊《き》け」。最初に登場するのは雲取山で雲取山荘を経営している新井信太郎さん。雲取山は東京都の最高峰であり、日本百名山の一座でもある。工藤さんは新井さんに、「うちの山小屋に泊まって山歩きをする人のほとんども中高年。ひとりで来る人もいれば数人で来る人、大勢で来る人まで様々だが、みんな楽しそうだ。山の雰囲気がそうさせているのだろう。定年になったからといってどこにも行かず家に引きこもっている人がいるが、それではもったいない。外に出てどんどん体を動かすといい。定年は人生の終わりではなく、ひとつの出発点だ。それに一番いいのは山を歩くことだ。一日のんびり山を歩いて汗を流せば、気持ちがいいだけでなく、飯もビールもうまい。また人とも知り合え、サラリーマン時代よりどんどん付き合いが増え、人生がより楽しくなり、厚みが出る」と語らせている。本書の導入部としては、最高の言である。

　新井さんは、六十六歳の筆者より十年先輩。新井さんも筆者もいつも頭にタオルを巻いているのが似ているのか、いつだったか「新井さんですか」と、声を掛けられたことがある。以来、筆者は新井さんを兄貴と呼ぶようにしている。

　Ⅱは、「山に入る前の心構え」。この章にある「危険は山以上に自分の中にある」という言葉にも、しっかり耳を傾けたい。ここでは中央アルプスのホテル千畳敷で山岳対策支配人を務めていた、木下寿男さんが登場。「遭難するのはきちんと準備しないで山に入るからだ。危険は山にあるのではなく、その登山者の中にあるのだ」とは、木下さんの言である。この章のコラムには、谷川岳・蓬ヒュッテの高波菊男さんが登場。筆者は高波さんとは古い付き合いになる。遊仙閣が所有者の都合で閉鎖したため、現在は、谷川岳の蓬ヒュッテで小屋番をしている。新天地でも頑張ってほしい。

Ⅲは、「安全な山の歩き方」。コラム登場は、丹沢・尊仏山荘の花立昭雄さん。尊仏山荘の建つ塔ノ岳に登る大倉尾根では、毎年ボッカ訓練を実施している。当初は石ころを担いでいたが花立さんのアドバイスで、尊仏山荘の荷物を担《かつ》ぎあげるようになった。そんなご縁がいまでも続いている。

Ⅳは、「山道具に関して」。山小屋の主人は長靴派が多いと聞くが、筆者には馴染《なじ》めない。トレッキングシューズの方が歩き易《やす》い。コラム登場は丹沢・鍋割山荘の草野延孝さん。草野さんが長靴派だったかどうかは記憶にないが、草野さんといえば超ボッカ力。百キロを超える荷を飄々《ひょうひょう》とかつがれる。鍋割山荘の鍋焼きウドンはお勧めだ。

Ⅴは、「山小屋に泊まる」。日帰りのハイキングは気軽でいいが、山小屋泊は是非体験して欲しい。夕日朝日の素晴らしさは格別だ。「その山に関した本を読もう」という提言には、全く同感である。コラム登場は三ツ峠山荘の中村光吉さん。「昔の人は山に救いを求め、山から何かを得て帰って行った。山は心の糧《かて》だった。しかし、今の人は山を単なるひとつのレジャーとしてしか考えなくなった。このままでは山は消費の対象でしかなくなる。山のよさを今一度考えて欲しい」と、中村さん。

本文中で山小屋の主人に語らせ、コラムで再び取り上げるということで、彼らに対する信頼感が増しているように思える。

Ⅵは、「山で起きている問題」。ヤマビル、盗掘、ダブルストック、毒草、山火事が取り上げられている。ヤマビルはお手上げ状態だ。夏に丹沢で沢登りがやりにくくなった。コラム登場は、北八ヶ岳・しらびそ小屋の今井行雄さん。工藤さんの著書には今井さんの苦悩の四十年を描いた『北八ヶ岳 花守記―しらびそ小屋主人の半生』がある。筆者は毎年クリスマスをしらびそ小屋で過ごしている。

Ⅶ「SOSからの脱出　そのⅠ」、Ⅷ「SOSからの脱出　そのⅡ」は必読である。山に救急車は上がってこられないのだから。Ⅶのコラム登場は、大菩《だいぼ》薩嶺《さつれい》・介山《かいざん》荘の三代目、益田真路さん。二代目繁さんの息子さんだ。筆者がみなみらんぼうと出演したテレビ番組「中高年のための登山学」収録に際しては、このお二方に大変お世話になった。

Ⅷのコラム登場は、八ヶ岳・オーレン小屋の小平忠敏さん。オーレン小屋は水力発電で、小屋の電力を賄《まかな》っている希有な山小屋だ。一度泊まりに行かなくてはと、思っている。

Ⅸ「山小屋を使った1泊2日、おすすめコース」は、そのほとんどが、本書に登場する方々が経営する山小屋泊のコースだから、ハナマル登山をたのしめること間違い無し。コラム登場は鳳凰《ほうおう》三山・青木鉱泉の堤宏さん。中高年の登山者はいきなり山に入らずにこういった山麓にある宿に泊まり、体を慣らしてから登ることをおすすめしたい。

Ⅹ「山歩き10ヶ条」は、山小屋の主人のアドバイスを、分かり易く10ヶ条にまとめたものだろう。コラム登場は、仙丈岳・大平山荘の竹澤信幸さん。「北沢峠までバスが上がるようになって、南アルプスを甘くみる人が多くなった。交通が便利になっても山の厳しさは以前と少しも変わらないのに」と苦言。筆者が仙丈岳に登るときの定宿は大平山荘だ。昔ながらの山小屋で、登山客が枕《まくら》を並べて寝る。安心して眠れるのは信幸さんの寡黙《かもく》で温《ぬく》もりのある人柄のおかげだろう。

Ⅺ「山道具一覧表」は大変実用的なのでぜひ活用していただきたい。

冒頭述べたように、山小屋の主人を登場させたことで、話がストレートになり、分かり易く説得力を増していると思う。中高年登山者にはもちろん、昨年あたりから山登りを始めた山ガール、山ボーイに読んで欲しい一冊である。

（二〇一一年六月、登山インストラクター）

この作品は二〇〇七年七月東京新聞出版局より刊行された
『山小屋の主人の知恵袋』を改題し加筆修正を加えたものです。

山《やま》歩《ある》きのオキテ
—山小屋の主人が教える11章—

新潮文庫　く－41－1

平成二十三年八月一日発行
平成二十五年四月三十日五刷

著者　工《く》藤《どう》隆《たか》雄《お》
発行者　佐藤隆信
発行所　株式会社新潮社
郵便番号　一六二―八七一一
東京都新宿区矢来町七一
電話　編集部(〇三)三二六六―五四四〇
読者係(〇三)三二六六―五一一一
http://www.shinchosha.co.jp

価格はカバーに表示してあります。

乱丁・落丁本は、ご面倒ですが小社読者係宛ご送付ください。送料小社負担にてお取替えいたします。

印刷・株式会社三秀舎　製本・株式会社大進堂

ISBN978-4-10-135341-8 C0175